PEQUEÑO LIBRO DE LA NATURALEZA

MARIPOSAS

PEQUEÑO LIBRO DE LA NATURALEZA

MARIPOSAS

BLUME   ANDREI Y ALEXANDRA SOURAKOV

BLUME

Título original *The Little Book of Butterflies*

Edición Nigel Browning, Slav Todorov, Caroline West
Desarrollo y dirección del proyecto Ruth Patrick
Diseño y dirección de arte Lindsey Johns
Ilustración en color Tugce Okay
Ilustración arte y línea Ian Durneen
Traducción Remedios Diéguez Diéguez
Revisión de la edición en lengua española
Manuel Ballesteros Vázquez
Profesor emérito, Facultad de Biología. Universidad de Barcelona
Coordinación de la edición en lengua española
Cristina Rodríguez Fischer

Primera edición en lengua española 2025

© 2025 Naturart, S.A. Editado por BLUME
Carrer de les Alberes, 52, 2.º, Vallvidrera
08017 Barcelona
Tel. 93 205 40 00 e-mail: info@blume.net
© 2024 UniPress Books Limited, Londres
© 2024 Princeton University Press, New Jersey (Estados Unidos)

P PRINCETON
press.princeton.edu

ISBN: 978-84-10268-71-5
Depósito legal: B. 19700-2024
Impreso en China

WWW.BLUME.NET

MIXTO
Papel | Apoyando la
silvicultura responsable
FSC® C005748

CRÉDITOS DE LAS IMÁGENES
Alamy Stock Photo: 130 Sipa US; 134 Art Heritage. **Dreamstime.com:** 142 Susan
Hodgson. **iStock:** 121 onebluelight. **Nature Picture Library:** 151 Nick Hawkins; 20 Konrad
Wothe; 26 Kim Taylor; 29 Vladimir Medvedev; 40 Piotr Naskrecki; 48 Sven Zacek;
65 Thomas Marent; 66 Paul Aniszewski; 93 Hans Christoph Kappel; 110 Andy Sands.
Shutterstock: 15d Josef Stemeseder; 39, 151 Sari O'Neal; 56 aspektreich Fotografie;
80iz Matee Nuserm; 80d Robert Ross; 83 KRIACHKO OLEKSII; 94 Cornel Constantin;
105 Danita Delimont; 124 Nigel Jarvis. **Otros:** 71 sneak-e; 113 moniquayle.
Referencias adicionales: 145 aacocucci.

PEQUEÑO LIBRO DE LA NATURALEZA

 ÁRBOLES

 ARAÑAS

 ESCARABAJOS

 MARIPOSAS

CONTENIDO

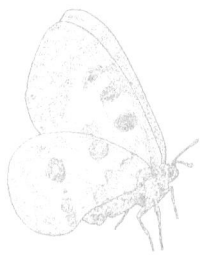

INTRODUCCIÓN

Este libro es la culminación de veintisiete años de colaboración entre los autores. El interés de Andrei Sourakov por las mariposas comenzó a los seis años, y ha dedicado los últimos cincuenta a tratar de comprender el comportamiento de las mariposas y las polillas. Nunca ha dejado de sentirse fascinado por su belleza. Alexandra Sourakov acompañó a su padre en viajes lepidopterológicos desde muy pequeña y pasó incontables horas con él en los museos donde trabajaba o a los que visitaba. En el instituto y la universidad llevó esas inquietudes al siguiente nivel introduciendo herramientas como la ecología química y la ciencia de los materiales en el estudio de las mariposas. Su profesión actual es la ingeniería, pero continúa fascinada por las mariposas.

POR QUÉ DEBERÍA LEER ESTE LIBRO
(SI TODAVÍA NO LO TIENE CLARO)

Cuando la redacción de este libro llegó a su fin, *The New York Times* publicó un artículo titulado «She can see the world in colors he can't Even Imagine» («Ella puede ver el mundo en colores que él ni siquiera imagina»). En el texto se destacaba un estudio publicado en la prestigiosa revista *Proceedings of the National Academy of Sciences*. Resulta que las hembras de la mariposa cebra ven en el espectro ultravioleta pero los machos no, y todo por un único gen que se ha reubicado en esta especie en un diminuto cromosoma sexual ausente en los machos. Curioso, intrigante, extraño... Gran parte del mundo natural revela descubrimientos y fenómenos que inspiran estos adjetivos. La metamorfosis de las mariposas de oruga a maravilla alada cautiva especialmente la imaginación de la humanidad desde hace siglos y ha dado lugar a numerosas creencias y alegorías espirituales. El mundo de las mariposas ofrece innumerables interacciones fascinantes, y *The New York Times* menciona estudios como este por la misma razón por la que escribimos este libro: estas criaturas nos fascinan no solo por su belleza, sino también por su complejidad y su diversidad.

ACERCA DE ESTE LIBRO

Esperamos que este libro ayude al lector a apreciar la dualidad de las mariposas: como maravillas biológicas con una compleja historia evolutiva y conductas adaptativas, y como obras de arte vivientes que han llegado a simbolizar el alma humana y lo efímero de la vida, entre otras cosas. Como mostramos en los dos primeros capítulos, las mariposas nos preceden en 100 millones de años, han sobrevivido al auge y la caída de numerosas especies, y se han adaptado a una variedad de hábitats, incluso a algunos de los más extremos. Este lapso de tiempo les ha brindado numerosas divergencias en el árbol evolutivo, lo que ha dado lugar a las siete familias de mariposas que describimos en los capítulos 3, 4 y 5. Los capítulos 6 a 9 profundizan en la fisiología de las mariposas y sus interacciones ecológicas. Los capítulos 10 y 11 tratan de las interacciones entre humanos y mariposas, desde los problemas de conservación hasta el folclore. El libro concluye destacando algunos de los comportamientos notables que exhiben las mariposas.

En palabras de Oscar Wilde, esperamos que el lector encuentre en este libro «significados bellos en cosas hermosas». Aquellos que tengan inclinaciones científicas encontrarán un análisis detallado de la biología, la evolución y la fisiología de las mariposas. Por otro lado, las abundantes ilustraciones y fotografías celebran la belleza y la diversidad de las mariposas. También esperamos llamar la atención sobre los peligros que acechan a las mariposas. Su declive es una señal de alarma a la que debemos mostrarnos sensibles, por su bien y por el nuestro.

Andrei y Alexandra Sourakov

¿QUÉ ES UNA ESPECIE?

Existen unas 19000 especies de mariposas descritas, que en su mayoría viven en los trópicos. Una «especie» se define como un grupo de organismos que pueden aparearse para producir descendencia fértil. En la práctica, aplicar esta definición a dos poblaciones de mariposas presenta cierta complicación. ¿Cómo se puede probar la hipótesis de que dos poblaciones pertenecen a dos especies diferentes cuando solo se dispone de unos pocos especímenes muertos de museo como referencia? Por suerte, los científicos pueden recurrir a pruebas secundarias para delimitar una especie, como las diferencias morfológicas de órganos internos y externos y las comparaciones de secuencias de ADN.

EVOLUCIÓN DE LOS MÉTODOS TAXONÓMICOS

Cuando los científicos se dieron cuenta de que los patrones alares pueden variar dentro de una misma especie, desarrollaron un método para diseccionar y dibujar los genitales masculinos. Estos órganos difieren con frecuencia entre especies, pero resultan ser mucho más consistentes que los patrones alares dentro de una especie. En la actualidad, estas características se integran con frecuencia en el conocimiento de la historia natural, la distribución y el ADN de una especie para fundamentar su clasificación.

↓ El microscopio de disección es utilizado por los taxónomos de mariposas para estudiar especímenes.

↓ Los genitales masculinos pueden ayudar a distinguir entre especies cuando las características del patrón alar son confusas.

→ Las especies estrechamente emparentadas, como estos satíridos neotropicales —en la imagen: (A) *Pierella helvina*, el sátiro rojizo; (B) *P. hyceta*, (C) *P. lamia*, (D) *P. lena* y (E) *P. nereis*—, se agrupan en géneros. Existen numerosas especies diferentes con patrones alares como los de *P. lamia*, pero las estructuras genitales de cada una son únicas.

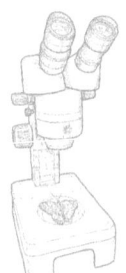

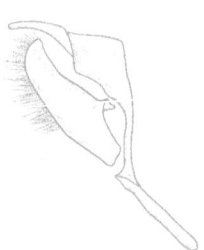

DESCRIPCIÓN DE LA DIVERSIDAD

En diferentes momentos de la historia prevalecieron distintos conceptos de especie, pero el trabajo de los taxónomos es acumulativo, lo que significa que las descripciones y los nombres de especies anteriores son tan importantes como los más recientes.

Las principales categorías taxonómicas dentro del orden *Lepidoptera* son familia, género y especie. También se manifiesta la necesidad frecuente de categorías de nivel intermedio, por encima del género pero por debajo de la familia, que agrupan a las especies por características compartidas. Los nombres de las distintas categorías tienen terminaciones específicas: *-ini* para las tribus (por ejemplo, Ithomiini, las mariposas de cristal); *-inae* para las subfamilias (por ejemplo, Danainae, a la que pertenecen Ithomiini y Danaini, las mariposas del algodoncillo); «*-idae*» para las familias (por ejemplo, Nymphalidae, o mariposas con patas de cepillo), y *-oidea* para las superfamilias (por ejemplo, Papilionoidea).

DE ARISTÓTELES A MAYR

Los registros detallados de plantas y animales se remontan a la época de Aristóteles (384-322 a.C.), que reunió grandes colecciones y realizó observaciones sistemáticas de los seres vivos. A mediados del siglo XVIII, el naturalista sueco Carl von Linné (1707-1778) introdujo la nomenclatura binomial, dando a cada especie un nombre en latín, compuesto por género y especie.

↓ Fabricius dio nombre a 9776 especies de insectos. Además, subdividió las especies descritas en órdenes y géneros, lo que sentó las bases de la clasificación moderna.

~ El primer compendio ~

El *Systema Naturae* de Linneo (Linné) supuso uno de los primeros intentos de ofrecer una visión global de todas las plantas y animales. La décima edición, en la que introduce la nomenclatura zoológica, reconocía un solo género para las mariposas (*Papilio*) en el que incluía unas 200 especies (solo 18 de las cuales continúan clasificadas en la familia Papilionidae). Johan Christian Fabricius (1745-1808) estableció el sistema moderno de clasificación de insectos.

RUTINA TAXONÓMICA

Cuando se nombra una especie, el taxónomo designa un «espécimen tipo», un estándar asociado a la nueva especie, que suele depositarse en un museo y se consulta cuando se describe una nueva especie estrechamente emparentada. Si más tarde se determina que la misma especie ha sido descrita dos veces, prevalece la descripción anterior. Los taxónomos redactan una descripción detallada del espécimen tipo y de cualquier otro espécimen adicional que hayan examinado. Estas descripciones suelen ir acompañadas de un «diagnóstico» (una sección en la que se compara la nueva especie con otras similares) e ilustraciones. Las secuencias de ADN también se pueden publicar conjuntamente y suelen introducirse en una base de datos centralizada.

Hicieron falta otros cien años para desarrollar el concepto de «especie biológica». Fue propuesto por primera vez por Ernst Mayr (1904-2005) en *Systematics and the Origin of Species*. Con este concepto, los científicos abordan las especies como grupos de poblaciones en constante evolución que se entrecruzan, y no como individuos definidos por su aspecto o su comportamiento únicos. En la actualidad se reconoce que las distintas especies pueden tener «descendencia híbrida» (productos del apareamiento entre especies, normalmente con una menor aptitud) que a veces facilita el flujo de genes a través de los límites entre especies.

UNA ESPECIE NO ES MÁS QUE UNA HIPÓTESIS

Aunque las pruebas morfológicas y de ADN pueden decirnos mucho sobre una especie, solo conocemos la estructura de la población, la distribución y la conducta de una pequeña parte de las mariposas. Dado que obtenemos nueva información continuamente, las designaciones de las especies existentes pueden considerarse una hipótesis que se pone a prueba cada vez que se descubren pruebas contradictorias. Los científicos describen nuevas especies y sinonimizan las antiguas a medida que surgen y se concilian pruebas dispares. Lo cierto es que con unas 19000 especies de mariposas descritas y numerosas subespecies, ¡queda trabajo pendiente!

IMPORTANCIA DE LAS SUBESPECIES

Dos especies alopátricas (que no se solapan geográficamente) pueden producir híbridos en su zona de contacto (si existe), pero el flujo genético está muy limitado, lo que hace que esas poblaciones diverjan cada vez más. Sin embargo, si dichas poblaciones de mariposas siguen siendo del todo compatibles entre sí desde el punto de vista reproductivo, es frecuente que se nombren subespecies, lo que hace que sus nombres científicos sean «trinomios».

EL CASO DE LA MARIPOSA ALMIRANTE

La mariposa almirante blanca, cuyo nombre científico es *Limenitis arthemis arthemis,* se distribuye en la mayor parte de Norteamérica (excepto en el sudeste). La emparentada *L. arthemis astyanax,* la púrpura con manchas rojas, se encuentra desde los Grandes Lagos de Míchigan hasta Florida, y

---

SUBESPECIES Y CONSERVACIÓN

Aunque algunos científicos consideran que el concepto de subespecie es demasiado ambiguo y se oponen a él, otros subrayan que, al describir oficialmente una subespecie, no solo se preserva la diversidad fenotípica, sino también la genética dentro de una especie. Las poblaciones formalmente reconocidas suelen gozar de mayor protección por parte de los biólogos conservacionistas y del público. Por ejemplo, dos mariposas que figuran en la lista de especies amenazadas de Estados Unidos, *Papilio aristodemus ponceana* (cola de golondrina de Schaus) y *Cyclargus thomasi bethunebakeri* (azul de Miami, en la foto), son subespecies de aspecto único protegidas por este estatus. Dicho esto, existen tantas opiniones sobre los conceptos de especie y subespecie como taxónomos.

su patrón de color ha evolucionado para imitar a la tóxica mariposa cola de golondrina azul, *Battus philenor*. La diferencia en su aspecto se debe únicamente al mimetismo, y nada impide el flujo de genes entre estas dos poblaciones compatibles desde el punto de vista reproductivo. Así, se hibridan en regiones geográficas donde sus áreas de distribución se solapan y producen formas de aspecto intermedio.

DE CAMINO A LA «ESPECIE»

Una subespecie puede ser un peldaño hacia la formación de una nueva especie. Cuando dos poblaciones quedan aisladas por una barrera geográfica, al principio mantienen la capacidad de cruzarse entre sí, pero la oportunidad de hacerlo es limitada debido a la falta de contacto. Con el paso del tiempo, esas poblaciones tienden a acumular diferencias suficientemente significativas a través de la mutación y la selección natural. Aunque superaran la barrera geográfica, ya no podrían cruzarse: han pasado a ser especies separadas.

↑ Tanto la mariposa almirante blanca como la púrpura con manchas rojas son subespecies de la misma especie, *Limenitis athemis,* que se dividió en dos poblaciones distintas hace unos 230 000 años, pero que ahora se están hibridando en el noreste de Estados Unidos.

POLIMORFISMO

Cuando dos o más formas coexisten en equilibrio dentro de una población, se habla de «polimorfismo». A diferencia del concepto de subespecie, el polimorfismo no tiene un componente geográfico significativo. La forma más común es el dimorfismo sexual, en el que los machos tienen un aspecto diferente al de las hembras, pero también existen otros tipos. Entre las hembras de la mariposa cometa oriental, *Papilio glaucus*, en el este de Estados Unidos, la forma oscura imita a la mariposa cola de golondrina azul y logra evitar a los pájaros, mientras que la forma rayada, más extendida, es más hábil escapando de la atención de los depredadores. Ninguna de las dos formas se ha impuesto en cuanto a supervivencia, por lo que ambas persisten con la misma población.

POLIFENISMO ESTACIONAL

Muchas mariposas tienen formas de estación húmeda y de estación seca, y estas últimas son las menos conocidas (*véase* capítulo 9, página 117). No obstante, uno de los ejemplos más espectaculares de polifenismo estacional es el de la mariposa mimética del mapa, *Araschnia levana*. En su fase de oruga, esta mariposa se alimenta de ortigas y produce una generación primaveral de color rojo con manchas negras que recuerda a las desagradables mariposas Checkerspot, como *Melitea* y *Euphydryas*, y una generación estival de color negro con rayas blancas que se asemeja a una diminuta almirante blanca (especie de *Limenitis*).

↓ La mariposa del mapa muestra el polifenismo estacional con sus dos formas totalmente distintas en generaciones consecutivas. Los factores ambientales, como la duración del día y la temperatura, hacen que los mismos genes produzcan fenotipos diferentes.

→ En el sudeste de Estados Unidos se encuentran dos formas de la hembra de la mariposa cometa oriental, que se dan dentro de las mismas poblaciones.

¿CUÁNDO EVOLUCIONARON LAS MARIPOSAS?

Las siete familias analizadas en los capítulos 3 a 5 forman un grupo monofilético. Aunque el fósil de mariposa más antiguo que se conoce (*Protocoeliades kristenseni*, hallado en depósitos marinos en Dinamarca en 2016 y descrito como un nuevo género y especie de hespérido, ya extinto) data de hace 55 millones de años, su aspecto no difiere demasiado del de las mariposas modernas. Los científicos sospechan que las primeras mariposas serían el doble de antiguas.

EVOLUCIÓN A PARTIR DE LAS POLILLAS

Los insectos se agrupan en órdenes según diversas características morfológicas y se diferencian sobre todo por las piezas bucales. Las mariposas están emparentadas con las polillas (Lepidoptera). Sus parientes más cercanos son los tricópteros (Trichoptera), que se parecen a las polillas cuando son adultos, pero sus larvas son acuáticas. Los lepidópteros se separaron de los tricópteros hace unos 300 millones de años (Ma). Aquellos primeros lepidópteros se alimentaban de polen mediante mandíbulas, algo que algunas polillas continúan haciendo, y desarrollaron formas larvarias terrestres, en lugar de acuáticas, que se alimentaban de plantas.

EVOLUCIÓN: ¿CÓMO LO SABEMOS?

Sabemos que las extinciones masivas de algunas formas de vida van seguidas de cambios drásticos y propagación, como el auge de las aves después de los dinosaurios. Sin embargo, muchas formas de vida, como los cocodrilos, no han cambiado demasiado desde hace casi 200 millones de años. Lo que sabemos sobre la evolución de los lepidópteros procede de una combinación de los escasos registros fósiles disponibles, la morfología de las especies existentes y su ADN. Los fósiles de mariposas tienen hasta 60 Ma, pero algunos fósiles de polillas se formaron hace más de 175 Ma. Los fósiles ayudan a «calibrar» las hipótesis evolutivas basadas en el ADN.

Tuvieron que pasar otros 100 millones de años para que desarrollaran las características de los lepidópteros actuales: las piezas bucales succionadoras en forma de tubo, conocidas como espiritrompa.

EVOLUCIÓN DE LOS SISTEMAS DE APAREAMIENTO Y DE LAS PUPAS

Otro gran salto en la evolución de los lepidópteros fue un sistema reproductivo en el que las aberturas para el apareamiento y la puesta de huevos están separadas. Todas las mariposas, y la mayoría de las polillas, comparten esta característica y se agrupan como *Ditrysia*. Hace más de 100 Ma, algunas polillas (y, a partir de ellas, las mariposas) también desarrollaron segmentos abdominales fusionados en la fase de pupa, formando el grupo *Obtectomera*. Las mariposas no representan la última palabra en la evolución de los lepidópteros: unas 88 000 especies de las polillas *Amphipoea oculea*, evolucionaron tras la aparición de las mariposas.

↓ *Prodryas persephone* es una mariposa fósil ya extinguida que se halló en Colorado, entre finas capas de roca sedimentaria que datan de hace 34 Ma.

LAS PRIMERAS MARIPOSAS

En su mayor parte, los insectos antiguos se conservan mejor en depósitos de ámbar, y aunque algunos pueden encontrarse en formaciones rocosas, existen pocos fósiles de roca bien conservados. Basándose en las pruebas fósiles de mariposas que tenemos y en estudios morfológicos comparativos y de ADN, muchos científicos creen que Papilionidae (colas de golondrina) es el linaje más antiguo de mariposas, seguido de Hesperiidae (hespéridos) y *Hedylidae* (mariposas polilla americanas). Los tres se tratan en detalle en el capítulo 3.

ATRAPADAS EN SAVIA DE ÁRBOL Y ENTERRADAS EN ROCA

En Florissant (Colorado) se hallaron fósiles de mariposas extintas que datan de hace 34 millones de años. Esas especies, así como las que se descubrieron en ámbar, arrojan luz sobre las diferencias entre las especies existentes y las extinguidas, pero en su mayoría no son tan diferentes como podríamos pensar. Un fósil en copal colombiano (la forma más joven del

PRIMERO FUERON LOS GUISANTES

Se cree que las primeras mariposas se alimentaban de la familia de los guisantes (Fabaceae), de la que todavía se alimentan algunas colas de golondrina actuales. Los análisis de ADN indican que las diminutas polillas de pluma (Pterophoridae) y las zigenas (Zygaenidae) son los parientes vivos más cercanos de las mariposas, ya que evolucionaron al mismo tiempo o justo antes. Ambas familias prefieren las fabáceas como plantas huésped y sus adultos suelen ser diurnos, una prueba más de la existencia de un puente evolutivo.

ámbar) de 15000 años parece idéntico a una mariposa moderna. Los especímenes hallados en ámbar dominicano de hace 15-25 millones de años representan una especie extinta de Riodinidae, *Voltinia dramba*. Los científicos creen que estas mariposas se alimentarían de bromelias y quedarían atrapadas en la savia de los árboles mientras ponían huevos. Una especie de *Voltinia* con un parecido morfológico suficiente como para clasificarla en el mismo género vive hoy en México.

PROPAGACIÓN DE LAS PLANTAS Y EVOLUCIÓN DE LAS MARIPOSAS

Más o menos al mismo tiempo que evolucionaron las primeras mariposas, se propagaron muchas familias de plantas modernas y, en el proceso, desarrollaron abundantes sustancias químicas tóxicas para protegerse de los carnívoros. Es posible que la capacidad de algunas orugas de polilla para aprovechar los compuestos tóxicos de las plantas sea la clave para entender los primeros pasos evolutivos de las mariposas. Al defenderse químicamente, las mariposas podrían haber sido capaces de llenar un nicho ecológico: volar durante el día y polinizar las flores de floración diurna que se diversifican con rapidez.

← Una zigena de seis puntos, *Zygaena filipendulae* (izquierda), una polilla europea de la familia Zygaenidae, y una mariposa dorada orla ancha (*Ochlodes sylvanus*) captadas en el mismo encuadre.

¿DÓNDE SE ENCUENTRAN LAS MARIPOSAS?

La respuesta es: prácticamente en todas partes si se sabe buscar. Las mariposas son bastante adaptables y su ciclo vital les permite adecuarse a una gran variedad de condiciones climáticas. En este sentido, podemos hallar mariposas en hábitats que nosotros consideramos extremos (*véase* página 26).

CIENCIA CIUDADANA Y MARIPOSAS

Si comparamos las 60 especies de mariposas que se encuentran en el Reino Unido, o las 750 especies que viven en el enorme territorio de Estados Unidos, por ejemplo, con las casi 2000 especies descritas en 2,5 km² de la selva amazónica de Brasil, podría parecernos irónico que hasta hace poco la mayor parte de la información sobre las mariposas procediera de personas que vivían en Europa, Japón o Norteamérica. Afortunadamente, eso está cambiando, ya que países como Brasil y muchos otros desarrollan sus propios programas de investigación sobre estos lepidópteros. Además, las iniciativas de ciencia ciudadana contribuyen a fomentar el interés por las mariposas y a organizar la recogida y el intercambio de información sobre estos insectos.

↓ En la actualidad, las observaciones realizadas se pueden cargar y consultar a través de la página web iNaturalist, que también genera mapas de distribución de animales y plantas, lo que proporciona una valiosa información a los investigadores.

→ El Apolo pequeño, *Parnassius phoebus*, vive en Alaska y por encima de la línea de árboles en los Alpes europeos. En el Himalaya y las montañas de Asia Central, otras especies de *Parnassius* pueden volar incluso más alto, por encima de los 4000 m. Las uvas de gato, que son las plantas suculentas que hospedan a estas mariposas, están bien adaptadas a crecer entre las rocas a grandes alturas.

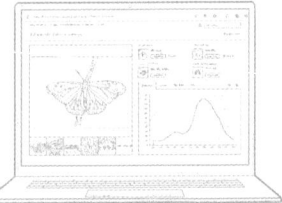

LIGADAS A SUS PLANTAS HUÉSPED

La vida de las mariposas está íntimamente vinculada a sus plantas huésped. Después de más de 100 millones de años de coevolución, las mariposas son capaces de desarrollarse en un pedazo de hierba escasa en el desierto, alimentarse de las hojas duras de robles altísimos y obtener nutrientes de musgos empapados en una oscura selva tropical.

Muchas especies de mariposas consiguen utilizar las sustancias químicas tóxicas, desarrolladas originalmente por las plantas huésped como protección contra los herbívoros, en su propio beneficio (por ejemplo, para la alimentación, la defensa y la reproducción). Aunque el uso de compuestos vegetales secundarios tiene muchas ventajas, no está exento de cierto coste: algunas especies de mariposas se especializan tanto que ya no pueden sobrevivir sin una planta concreta. A menudo, las mariposas hembra no ponen huevos y las orugas solo se alimentan de la especie huésped elegida.

ADICTAS A LOS ÁCIDOS

Muchos grupos de plantas han desarrollado compuestos especializados para defenderse de microbios e insectos, pero algunas mariposas han logrado apropiarse de esas defensas. Las colas de golondrina tropicales se alimentan con frecuencia de aristoloquias sin que sus ácidos las perjudi-

---

GUSTO POR EL PINO

En las montañas del oeste de Norteamérica, dos especies de mariposas blancas (*Neophasia*) pueden experimentar explosiones demográficas cuando prosperan sus coníferas huésped. Pero, si intenta masticar una aguja de pino (como hace aquí una oruga de *Neophasia*), pronto se dará cuenta de que estas mariposas tuvieron que desarrollar unas capacidades de desintoxicación considerables. Los aceites de pino contienen más de 20 compuestos defensivos, como el a-terpineol y el limoneno.

ANTIGUAS DEFENSAS

Los glucósidos cianogénicos, unos compuestos vegetales, son tóxicos para los vertebrados. Fueron desarrollados por las plantas más antiguas, quizá durante la era de los dinosaurios, en un esfuerzo por defenderse de estos herbívoros gigantes. Las cícadas ricas en estos compuestos siguen existiendo a día de hoy. Algunas de ellas, como las zamias (especies de *Zamia*) y las cicas (especies de *Cycas*), se usan como plantas ornamentales. En sus tierras natales, varias especies de Lycaenidae, como la atala y sus parientes (especies de *Eumaeus*) en el Nuevo Mundo, *Theclinesthes onycha* en Australia y *Luthrodes cleotas* en las Salomón, dependen de ellas como plantas huésped.

quen (*véase* capítulo 3, páginas 38-39), y utilizan las plantas para evitar a sus propios depredadores. Cerca de 30 especies del género *Telipna* (Lycaenidae) pueden alimentarse como larvas de especies de musgos que contienen oxilipinas y terpenoides en los bosques tropicales de África occidental. Estas capacidades de desintoxicación surgen a través de cambios en el ADN que conducen a la modificación de las vías químicas (*véase* capítulo 6, página 81).

MASTICAR VIDRIO

Las gramíneas son duras y pobres en nutrientes, que se concentran principalmente en las inflorescencias, pero son resistentes y se encuentran entre las primeras que colonizan los suelos pobres. Más de 2000 especies de mariposas de la tribu *Satyrini* aprovechan la amplia disponibilidad de gramíneas, y sus orugas crípticas son capaces de ocultarse a plena vista, alineadas a lo largo de las estrechas hojas de hierbas y juncias de todo el mundo. Muchas especies de esta tribu también se alimentan de bambú, que puede crecer en selvas vírgenes. Por su contenido en sílice (SiO_2), un componente inorgánico del vidrio y la arena, estas hierbas y bambúes son duros y desgastan las mandíbulas de los insectos hambrientos. Cuando las orugas crecen, son capaces de renovar sus mandíbulas una vez que mudan, pero la dieta más dura y pobre en nutrientes de estas mariposas implica una muda más frecuente y un desarrollo más lento.

HÁBITATS EXTREMOS

A las mariposas se les da muy bien localizar a sus plantas huésped y el néctar, incluso en los entornos más inhóspitos (como las grandes ciudades). Sí, también en la bulliciosa y abarrotada ciudad de Nueva York se pueden encontrar mariposas. Para unos animales acostumbrados a sobrevivir en las condiciones más hostiles, como las cumbres heladas de más de 4500 m de altitud, las marismas costeras inundadas por mareas de agua salada y los desiertos abrasados por el sol, los rascacielos y el asfalto no son más que otro reto al que adaptarse.

DEL DESIERTO A LA TUNDRA

La breve pero explosiva época de floración que se produce en el desierto tras las lluvias es un momento ideal para avistar mariposas. En este sentido, *Croitana aestiva*, que vive exclusivamente en la región árida del Territorio del Norte de Australia, hace coincidir su reproducción con los aguaceros.

VIVIR EN LA BOCA DEL LOBO

Pocas mariposas son carnívoras, pero un grupo particular de la familia Lycaenidae se ha establecido en este nicho. Varias especies de poliomatines azules se desarrollan en el interior de los nidos de hormigas, ya sea engañándolas para que las alimenten o bien consumiendo directamente la progenie de la hormiga. Convivir con huéspedes tan peligrosos requiere cierta sutileza química; las orugas tienen que enviar las señales adecuadas para engañar a las hormigas y conseguir que las acepten como si fuesen de las suyas.

Al caminar por encima de la línea de árboles se pueden ver mariposas, como las especies del género *Parnassius*, volando cerca de la nieve, a menudo solo durante un breve instante cuando sale el sol. Algunas especies se han adaptado para soportar todo su ciclo vital en la tundra; otras aparecen solo durante la temporada. Por ejemplo, la mariposa sedentaria del Ártico *Oeneis melissa* necesita dos años para completar su ciclo reproductivo en el duro norte ártico, mientras que la migratoria vanesa de los cardos (*Vanessa cardui*) repuebla la región ártica desde su zona de reproducción invernal en África.

SOBREVIVIR A LAS INUNDACIONES

Uno de los entornos que los insectos no dominan es el mar abierto. Sin embargo, *Brephidium pseudofea*, una de las mariposas más pequeñas del mundo, puede sobrevivir hasta 20 días sumergida en agua salada en forma de huevos y pupas gracias a unas bolsas de aire especializadas que atrapan el oxígeno. En la fase de orugas se alimentan de salicornia, la suculenta perenne de las marismas costeras del este de Estados Unidos.

← La mariposa pionera blanca, *Belenois aurota*, tolera los ambientes desérticos (incluido el desierto de Kalahari, en el sur de África).

Su comportamiento migratorio le permite seguir las lluvias esporádicas y ocupar amplios territorios.

GEOGRAFÍA Y EVOLUCIÓN

Las mariposas se ramificaron a partir de las polillas hace 100 Ma en una masa de tierra que hoy forma parte del Nuevo Mundo. La proximidad de las masas terrestres en aquel entonces permitió que las mariposas se propagasen rápidamente; primero se diversificaron en las regiones tropicales de esas tierras y después se adaptaron a climas más templados. A medida que los continentes se fueron alejando más y más unos de otros, la población de mariposas de cada región zoogeográfica comenzó a trazar su propio curso evolutivo.

REGIONES ZOOGEOGRÁFICAS

El naturalista del siglo XIX Alfred Russel Wallace (1823-1913) contribuyó en gran medida al conocimiento de la especiación y la distribución geográfica pasada y presente de las especies animales. Además de ser coautor de la teoría de la selección natural junto con Charles Darwin (1809-1882) en 1858, Wallace esbozó las regiones zoogeográficas que utilizamos en la actualidad cuando hablamos de diversidad animal: la paleártica, la afrotrópica, la indomalaya, la australasiática, la neártica y la neotropical. Estas

---

VICARIANZA *VERSUS* DISPERSIÓN

Las opiniones sobre el mecanismo de la evolución temprana de las mariposas estaban polarizadas, con un bando a favor de la vicarianza (evolución impulsada por la deriva continental) y otro a favor de la dispersión, con la idea de que las masas de agua no eran un obstáculo suficiente para las mariposas. Resulta que ambos bandos tienen razón, ya que las pruebas apuntan a que algunos grupos de mariposas presentan una marca de vicarianza en su historia evolutiva, mientras que otros linajes solo se pueden explicar por la dispersión periódica. Los continentes estaban mucho más próximos entre sí cuando evolucionaron los primeros linajes, hace alrededor de 100 Ma; por tanto, la dispersión probablemente fue un acontecimiento mucho más frecuente.

↑ *Parnassius eversmanni* es el resultado del cambio del nivel del mar y del clima durante el Pleistoceno. Presente tanto en el este de Eurasia como en el noroeste de Norteamérica, la distribución de

regiones se delimitan en función de una fauna distintiva unida por una historia evolutiva común. La delimitación original de Wallace se basó en observaciones directas y registros de animales que posteriormente se vieron reforzados por análisis genéticos, morfológicos y geográficos.

DERIVA CONTINENTAL

Las regiones zoogeográficas coinciden a grandes rasgos con las principales masas de tierra, y ni a Wallace ni a sus contemporáneos se les pasó por alto que los continentes encajaban casi como piezas de un rompecabezas (y no solo por su forma, sino también desde el punto de vista geológico). Alfred Wegener (1880-1930) utilizó por primera vez el término «deriva continental» cuando presentó su teoría —que las masas de tierra estuvieron unidas y se fueron separando con el tiempo— en 1912, pero la falta de una explicación convincente de la causa de esta deriva impidió su aceptación generalizada. La ciencia de la tectónica de placas proporcionaría esa explicación en la segunda mitad del siglo xx.

EVOLUCIONAR EN AISLAMIENTO

Muchas islas y continentes tienen especies de mariposas endémicas, lo que significa que no viven en ningún otro lugar, pero existen numerosas especies que abarcan todo el planeta. De hecho, en el caso de las mariposas con un vuelo potente, ha sido posible documentar en tiempo real la dispersión a larga distancia por encima del agua. Las migraciones bien documentadas de la monarca, *Danaus plexippus*, y la vanesa de los cardos, *Vanessa cardui*, demuestran que algunas especies pueden superar grandes distancias y barreras de manera habitual (*véanse* capítulo 8, página 103 y capítulo 12, página 142). Sin embargo, en el caso de muchas especies de mariposas de vuelo débil, incluso una barrera relativamente estrecha como el río Amazonas es suficiente para aislarlas.

ESPECIACIÓN INSULAR

Desde las observaciones de Darwin sobre los pinzones de las Galápagos, las islas se consideran lugares ideales para entender la especiación, incluida la de las mariposas. Unos ejemplos excelentes de este fenómeno son los satíridos de vuelo lento de los géneros *Calisto* y *Mycalesis*, que viven en el Caribe y las islas Salomón, así como las rápidas alas de pájaro (*Ornithoptera*), que han desarrollado varias especies y subespecies espectaculares en las islas del Pacífico.

↓ (A) Cuba, (B) Jamaica, (C) La Española, (D) Puerto Rico. Estas islas estaban más fragmentadas hace 30 Ma, cuando se originó el género *Calisto*, por lo que las poblaciones quedaron aisladas fácilmente.

→ (A) *Calisto herophile*, Cuba; (B) *C. zangis*, Jamaica; (C) *C. hysius*, La Española; (D) *C. nubila*, Puerto Rico. Estas cuatro mariposas representan las cerca de 40 especies de *Calisto* del Caribe. Aunque parezcan similares, tienen anatomías diferentes y su ADN sugiere antiguos eventos de radiación.

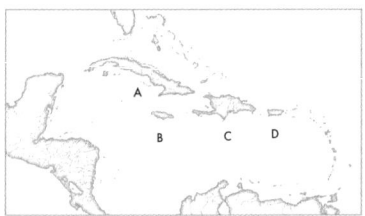

ALTURA Y DIVERSIDAD

Si se cartografía la riqueza de especies por kilómetro cuadrado en el continente sudamericano, resulta evidente que hay muchas más especies de mariposas en los Andes que en el Amazonas. Las montañas de la región neártica, como las Rocosas, el Pamir, el Tian Shan, los Alpes y los Pirineos, también cuentan con muchas más especies de mariposas que las tierras llanas circundantes. Por ejemplo, se reconoce una docena de especies de *Euphilotes* azules en regiones montañosas desde California hasta Colorado y cerca de 100 especies de montañesas del género *Erebia* en todas las montañas del territorio holártico (todos los hábitats del hemisferio norte que se encuentran al norte del neotrópico, el afrotrópico y el sudeste asiático).

EL EFECTO FUNDADOR

A medida que los glaciares retrocedían tras la última glaciación en Norteamérica, las ninfas de bosque (especies de *Cercyonis*) se desarrollaron en numerosas poblaciones de aspecto único con diferentes motivos y colores. Este pequeño género cuenta con más de 100 subespecies. La ninfa de bosque de la Gran Cuenca (*C. sthenele*), la ninfa de bosque de Mead (*C. meadii*) y la ninfa de bosque pequeña (*C. oetus*) se limitan a los hábitats montañosos del oeste de Estados Unidos, y la ninfa de bosque común (*C. pegala*) se extiende por todo el país. En el este de Estados Unidos, la ninfa de bosque común ofrece un ejemplo de variación clinal, es decir, poblaciones separadas varían ligeramente, pero acaban pareciendo especies distintas en los extremos de la distribución de especies debido a las diferencias a lo largo de su área de distribución. El «efecto fundador» (una población aislada conserva las características de la única hembra de mariposa que la originó) podría ser responsable de esta diversidad, junto con presiones selectivas variables que moldean todavía más las poblaciones.

EVOLUCIÓN EN LAS MONTAÑAS

Las cadenas montañosas crean hábitats muy características, como los bosques costeros secos y los bosques nubosos, al influir en el clima. Los estudios de las faunas de mariposas en países como Costa Rica, Colombia, Ecuador y Perú sugieren que son extremadamente ricos en especies, a pesar de su tamaño relativamente pequeño, porque sus montañas sirven de núcleos para numerosos ecosistemas. Crean hábitats aislados para la diversificación de las mariposas, ya que los habitantes de las tierras bajas rara vez se mezclan con los de las zonas más elevadas.

↑ El número de cromosomas puede cambiar por fragmentación o fusión. Durante la especiación en *Erebia*, esos cambios podrían haber contribuido a la evolución de casi 100 especies.

PROPAGACIÓN DE LAS MONTAÑAS A LAS LLANURAS

Es cierto que parte de la fauna de mariposas más abundante se ha documentado en elevaciones más bajas de los trópicos sudamericanos: por ejemplo, en el valle de Tambopata en Perú o en Rondônia, en Brasil. De hecho, las selvas tropicales ofrecen numerosos nichos para la coexistencia de animales en los mismos hábitats, ya que albergan una prodigiosa diversidad vegetal y numerosos microhábitats creados por el dosel forestal. Sin embargo, la divergencia de muchas de estas especies está ligada a los Andes, la cadena montañosa que se extiende por casi todo el continente sudamericano. Podríamos considerar las montañas como centros de especiación y las selvas tropicales como las esponjas listas para absorber las especies que se originen en las montañas.

ASCENDER EN DIRECCIÓN NORTE

Además de impulsar la evolución mediante el aislamiento, las montañas también crean más nichos ecológicos para las especies al albergar hábitats con climas y flora característicos. Alexander von Humboldt (1769-1859), un explorador que ascendió a la montaña del Chimborazo, en los Andes, a principios del siglo XIX y alcanzó casi 6096 m de altitud, describió por primera vez este fenómeno de forma exhaustiva. Escribió que, mientras ascendía, era como si viajase hacia el norte desde las selvas ecuatoriales hasta la tundra ártica.

PAPILÓNIDOS

La familia de los papilónidos cuenta con más de 500 especies: algunas son enormes y otras pequeñas, cada una adaptada a un estilo de vida diferente. Sin embargo, todos los papilónidos presentan la misma disposición de venas de las alas, una característica utilizada con frecuencia en la clasificación de los lepidópteros. Sus orugas también comparten rasgos comunes, como un cuerpo robusto y osmeterios defensivos, que son las glándulas que se despliegan cuando la oruga se siente molestada y que producen un olor repelente (*véase* página 37).

FÓSILES DE MARIPOSA

Si alguna vez se descubre un fósil de una «protomariposa», es probable que pertenezca a la familia de los papilónidos. El último árbol evolutivo sugiere que las mariposas se ramificaron a partir de los linajes de polillas, mucho más grandes y antiguos, hace alrededor de 100 Ma.

Algunos de los fósiles más antiguos descubiertos hasta la fecha son ejemplares del extinto género *Praepapilio* que datan de mediados del Eoceno (hace unos 45 Ma). Están más estrechamente emparentados con la subfamilia *Baroniinae* (*véase* página 36) que con el resto de la familia de los papilónidos, lo que vincula a estos fósiles con el linaje de los papilónidos superviviente más antiguo.

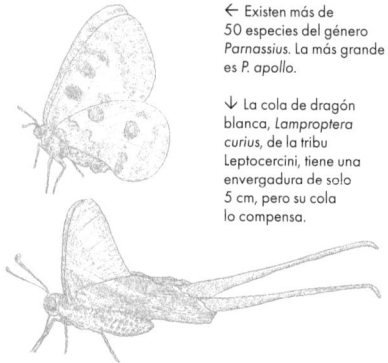

← Existen más de 50 especies del género *Parnassius*. La más grande es *P. apollo*.

↓ La cola de dragón blanca, *Lamproptera curius*, de la tribu Leptocercini, tiene una envergadura de solo 5 cm, pero su cola lo compensa.

→ *Baronia brevicornis*, comúnmente conocida como baronia de cuernos cortos, pertenece al linaje más antiguo entre las especies de cola de golondrina supervivientes. Tiene varios morfos de color; las hembras naranjas son las más raras. Como oruga se alimenta de la planta conocida como cubata (*Vachellia campechiana*), que se encuentra en las montañas secas del oeste de México.

DIVERSIFICACIÓN DE LOS PAPILÓNIDOS

En términos evolutivos, los papilónidos constituyen la más antigua de las siete familias de mariposas, lo que les brindó la oportunidad de desarrollar diversos aspectos e historias vitales, así como la aptitud para eliminar los tóxicos de las plantas.

LINAJES ANCESTRALES

El linaje ancestral más antiguo de Papilionidae solo tiene una especie superviviente: *Baronia brevicornis*. Vive en los bosques secos de la mexicana Sierra Madre, donde sus esbeltas y crípticas orugas construyen refugios juntando las hojas de su planta huésped, la cubata, una especie de acacia espinosa. Cuando las orugas están listas para pupar, caen al suelo y se entierran, un comportamiento más típico de polillas y hespéridos.

DIVERSIDAD DE LAS MARIPOSAS APOLO

Los siguientes linajes en evolucionar dieron lugar a *Luehdorfia* (que comprende cuatro especies asiáticas) y *Parnassius*, un género conocido como mariposas Apolo. Muchas de estas especies se alimentan de las plantas huésped uva de gato (*Sedum*) que crecen en los afloramientos montañosos a gran altitud y que proporcionan alimento a las larvas de *Parnassius* que pupan bajo las rocas y pasan el invierno como huevos. Algunas especies, como *P. mnemosyne*, vuelan en los prados de las tierras bajas y se alimentan de *Corydalis*, plantas herbáceas perennes que contienen alcaloides, en una extensa región del paleártico templado.

COMETAS Y COLAS DE DRAGÓN

Además de las tres subfamilias, Baroniinae, Papilioninae y la ya extinta Praepapilioninae, los papilónidos se agrupan en 31 tribus. Una de ellas, Leptocercini, incluye a las colas de golondrina cometa de cola larga (por ejemplo, *Graphium* y *Eurytides*). Los papilónidos más pequeños de este clado, las colas de dragón del género *Lamproptera*, miden poco más de 2,5 cm de envergadura en las alas delanteras. Las Leptocercini son principalmente tropicales, pero algunas especies, como *Protographium marcellus*, son capaces de llegar hasta la frontera canadiense y prescinden de la aristoloquia en favor del banano de montaña como planta huésped.

ORUGAS QUE SE ALIMENTAN DE ÁRBOLES

Un miembro de la tribu Papilionini, *Papilio homerus*, es la mariposa más grande de América, y es endémica de Jamaica. Sus enormes orugas están asociadas a un árbol del género *Hernandia*, también exclusivo de esta isla. La tala de este árbol para obtener carbón y otros usos del suelo amenazan la existencia de *P. homerus*, pero varias campañas de conservación han contribuido a evitar su extinción.

Dentro de la tribu Papilionini existen varias especies, denominadas colectivamente «mariposas cometa orientales», que son tan parecidas entre sí que pueden hibridarse, como la mariposa cometa canadiense, *Papilio canadensis*, y la mariposa cometa oriental, *P. glaucus*. Aunque utilizan diversas especies de árboles de madera dura, como cerezos y magnolias, a modo de plantas huésped, pueden ser bastante exigentes con la comida. Los estudios demuestran que cada población dentro de una especie desarrolla claras preferencias por ciertas plantas huésped, y su supervivencia puede verse afectada por la ausencia de sus favoritas.

La oruga de la mariposa asiática de cola de golondrina, *Papilio xuthus*, expone su osmeterio, que desprende un olor repelente.

PAPILÓNIDOS
Y ARISTOLOQUIAS

El hecho de que las aristoloquias (*Aristolochia*) superen las defensas químicas y su utilización para protegerse contribuyeron a la diversificación de los géneros de los papilónidos de la tribu Troidini. A medida que las aristoloquias se extendían por el planeta, sus mariposas «suscriptoras» siguieron su ejemplo. La protección química de las orugas al alimentarse de estas plantas tóxicas, con sus ácidos aristolóquicos, les permitía protegerse de los depredadores y sobrevivir mejor que las orugas más apetitosas.

IMITADORAS DE LA COLA DE GOLONDRINA AZUL

Las defensas químicas de los troidinos son tan potentes que muchas otras mariposas han evolucionado para parecerse a estas golondrinas de cola azul que se alimentan de aristoloquias. Por ejemplo, en Norteamérica, la cola de golondrina azul *Battus philenor* sirve de modelo a un gran número de mariposas comestibles, como las hembras de *Speyeria diana* y la púrpura con manchas rojas (*Limenitis arthemis astyanax*), ambas de la familia de las ninfálidas. Varios miembros de su propia familia también imitan a *B. philenor*, y obtienen algunos de los beneficios sin el trabajo de secuestrar los ácidos aristolóquicos: por ejemplo, la cola de golondrina (*Papilio troilus*), las hembras de la mariposa cometa negra (*P. polyxenes*) y la forma mimética femenina de la mariposa cometa oriental (*P. glaucus*).

ALAS DE PÁJARO Y MARIPOSAS CORAZÓN

Los tiroidinos presentan una gran diversidad de tamaños, formas y distribución geográfica. Las alas de pájaro, enormes y muy llamativas por su brillo, se encuentran en Austronesia, con un centro especial en Nueva Guinea. Las mariposas corazón (*Parides*), más pequeñas, también lucen una gama de colores iridiscentes, pero se encuentran en el otro extremo del mundo, con casi 40 especies en los trópicos sudamericanos. Por muy diferentes que sean los géneros que se alimentan de aristoloquias cuando son adultos, sus orugas y sus pupas son muy parecidas, lo que demuestra que su diseño ha resistido el paso del tiempo.

LA PARADOJA DE LA DEFENSA DE LAS PLANTAS

Cuando las orugas de cola de golondrina azul se alimentan de su planta huésped, esta toma represalias aumentando su toxicidad. De hecho, las toxinas que produce pueden multiplicarse por cinco. Cabría pensar que esto sería perjudicial para las orugas, pero no parece importarles y continúan alimentándose y desarrollándose bien aunque su comida sea más picante. Por otra parte, los depredadores de las orugas sienten los efectos: cuando se alimentan de orugas que han ingerido grandes cantidades de ácido aristolóquico, las escupen o se envenenan.

↓ Las orugas jóvenes de los papilónidos se alimentan juntas para superar las defensas de las plantas e indican su toxicidad a los depredadores. Las mayores se alimentan solas.

MARIPOSAS POLILLA AMERICANAS (HEDÍLIDOS)

L os hedílidos representan tan solo alrededor del 0,1 por ciento de las mariposas, pero merecen una mención en este libro porque son muy importantes para entender la relación evolutiva entre mariposas y polillas. A pesar de su aspecto general de polilla, comparten unas 20 características morfológicas con las mariposas.

IDENTIFICACIÓN MEDIANTE TRIANGULACIÓN

En la actualidad, las 35 especies de Hedylidae (hedílidos) se clasifican en un único género, *Macrosoma*. El autor de la primera historia de vida de una especie de este género (*M. heliconiaria*, de México) experimentó una sorpresa tras otra mientras criaba a las orugas que encontró.

DEL DÍA A LA NOCHE Y DE VUELTA

En general, las mariposas son diurnas. Existen algunas excepciones, como las mariposas búho crepusculares (que vuelan al anochecer) y algún que otro hespérido activo al atardecer o por la noche. Se cree que los hedílidos y los hespéridos se separaron de un antepasado diurno común hace más de 100 Ma. A partir de observaciones de campo, parece que algunos *Macrosoma* han vuelto en parte a un estilo de vida diurno a lo largo de la evolución, volando tanto de día como de noche, mientras que otros han continuado siendo totalmente nocturnos.

Por la morfología de las orugas delgadas y sin pelo, con prominentes cuernos en la cabeza, el autor pensó que estaba criando a una mariposa satírido, miembro de la familia Nymphalidae. Sin embargo, cuando las orugas puparon, tuvo la certeza de que la especie pertenecía en realidad a otra familia de mariposas, ya que las crisálidas eran las típicas de Pieridae. Así, cuando las «polillas» hedílidas (como se creía que eran en aquella época) salieron de las crisálidas, se quedó atónito. Imagínese su sorpresa si supiera que en la actualidad esta especie está clasificada como mariposa.

COTEJO CON EL ADN

Desde entonces, estas mariposas nocturnas se han estudiado con gran detalle. La secuenciación y el análisis del ADN confirmaron su posición como uno de los linajes de mariposas más ancestrales, junto con las colas de golondrina y los hespéridos. Otro descubrimiento interesante fue su capacidad «auditiva» ultrasónica, resultado de unos órganos especiales situados en las alas que evolucionaron para detectar ultrasonidos con el fin de evitar a los murciélagos depredadores.

← *Macrosoma hyacinthina* pertenece al único género de la familia Hedylidae, en la que los ejemplares inmaduros se parecen a las mariposas, pero los adultos parecen y se comportan como polillas.

HESPÉRIDOS (HESPERIIDAE)

Según las últimas hipótesis evolutivas basadas en el ADN, hace alrededor de 90 Ma, los hespéridos y los hedílidos se separaron de los papilónidos. Los primeros hespéridos distintivos aparecieron 20 millones de años más tarde. En la actualidad existen unas 3500 especies descritas, agrupadas en 11 subfamilias, y cada año se añaden nuevas especies.

RÁPIDO COMO UN RAYO

Para los ecólogos y los biólogos evolutivos, los hespéridos son como un tesoro porque demuestran una enorme versatilidad y una gran variedad de adaptaciones únicas. Sus rápidos reflejos y su vuelo veloz y saltarín dificultan su captura por parte de las aves. Si se toma una foto de un hespérido posado con el flash, reacciona al flash previo de la cámara con tal rapidez que la mariposa será captada siempre ya volando.

HESPÉRIDO GIGANTE AFRICANO

Existen excepciones a la estrategia de la huida rápida, incluso entre los hespéridos (*véase página 45*). Por ejemplo, las orugas del hespérido gigante africano, *Pyrrhochalcia iphis*, se alimentan abiertamente en grupos, señal inequívoca de que disponen de otros medios de protección. De hecho, se alimentan de familias de plantas tóxicas, como las anacardiáceas (a las que pertenecen los anacardos y la hiedra venenosa), que pueden dotarlas de defensas químicas.

Cuando son adultos, estos hespéridos presentan colores brillantes, alcanzan los 10 cm de envergadura y vuelan con relativa lentitud. Esta especie pertenece a la subfamilia *Coeliadinae*, la más ancestral entre los hespéridos. Por tanto, es posible que las características únicas de esta mariposa reflejen los primeros rasgos evolutivos de los hespéridos, ya que las especies más jóvenes evolucionaron hacia un tamaño más compacto y un vuelo más rápido para compensar su falta de defensas químicas.

NINFAS DEL ATARDECER

El nombre en latín de la familia de los hespéridos (Hesperiidae) resulta en cierto sentido poético. *Hesperos* significa «tarde» en griego y, en mitología, las Hespérides son las ninfas de la tarde. Aunque los hespéridos, en general, se muestran activos durante el día, existen numerosas especies que son activas a última hora de la tarde o incluso después de la puesta del sol. Algunos grupos de hespéridos del neotrópico, como el género *Bungalotis*, son más fáciles de observar atrayéndolos a una fuente de luz, ya que normalmente están activos justo después del crepúsculo o antes del amanecer. Se han encontrado algunos de estos hespéridos nocturnos durmiendo en cuevas durante el día; incluso se ha observado a *Nascus paulliniae*, de Sudamérica, alimentándose a altas horas de la noche.

MIMETISMO DE ESCAPE

Aunque la mayoría de los hespéridos son de color oscuro y discreto, algunos presentan colores iridiscentes en la superficie de las alas que resultan perfectamente visibles cuando se posan. Además de funcionar como señales para los miembros de su propia especie, tanto machos como hembras, se cree que las marcas iridiscentes sirven para recordar a las aves que sus propietarios son demasiado rápidos para que merezca la pena perseguirlos.

En general, las especies miméticas tóxicas vuelan despacio y advierten a las aves con su coloración brillante y llamativa: «No me comas si no quieres tener un sabor desagradable en la boca». Por el contrario, los hespéridos se dedican al mimetismo de escape con el mensaje: «La última vez que me perseguiste, perdiste mucho tiempo y energía y pasaste hambre; no merece la pena». El mimetismo entre los hespéridos adultos hace que sus orugas se diferencien entre sí más que sus formas adultas (*véanse* páginas 44-45).

↓ Su larga probóscide permite a los hespéridos llegar al néctar de las flores profundas, pero en ocasiones la utilizan para alimentarse de excrementos de pájaros, excretando un poco de agua para humedecer su comida.

DIVERSIDAD DE LAS ORUGAS
DE HESPÉRIDOS

Las orugas de hespérido suelen tener ocelos en una cabeza de colores brillantes o en los últimos segmentos abdominales. Esas manchas y las rayas del cuerpo pueden ayudar a los científicos a distinguir especies que, de otro modo, resultarían engañosamente similares. De hecho, en Costa Rica se llegaron a distinguir 10 especies distintas de hespéridos basándose en el ADN y en la morfología de las orugas, que se escondían bajo el mismo disfraz alado.

DEFENSAS ÚNICAS

Las orugas de hespérido son comestibles para una gran variedad de depredadores, y por ello han desarrollado una serie de defensas únicas. Por ejemplo, con frecuencia construyen refugios, ya sea juntando márgenes de hojas o cortando partes de las hojas y utilizándolas como material de construcción, con un uso extensivo de hilo de seda. Los hespéridos de la yuca del género *Megathymus* excavan en las raíces de sus plantas huésped y crean túneles subterráneos de seda. Las orugas del hespérido brasileño, *Calpodes ethlius* (que se pueden encontrar desde Estados Unidos hasta Argentina y se alimentan de cañas indias y *Thalia geniculata*), tienen la piel traslúcida, de modo que es posible observar sus órganos internos en funcionamiento, ¡si es que se logran detectar las orugas!

↓ Las orugas de los hespéridos, como este brasileño en una *Thalia*, construyen refugios cortando y doblando las hojas, y sujetándolas con seda. Para evitar a los depredadores, las orugas salen a alimentarse por la noche.

→ (A) Hespérido brasileño; (B) hespérido gigante africano; (C) hespérido de cola larga. Entre estas especies, solo las orugas del hespérido gigante africano se alimentan al aire libre durante el día. Presentan colores aposemáticos y, en ocasiones, se alimentan en grupos, lo que indica que probablemente sean tóxicas para los depredadores.

PIÉRIDOS BLANCOS Y SULFÚREOS (PIERIDAE)

Hace aproximadamente 75 Ma, los linajes de los piéridos blancos y sulfúreos comenzaron a diversificarse. Junto con la tribu neotropical altamente mimética de las mariposas Dismorphini y un pequeño género de *Pseudopontia* de África occidental, forman la familia Pieridae. En la actualidad, esta familia consta de más de 1000 especies agrupadas en más de 70 géneros.

LOS GRANDES IMITADORES

Cuando el naturalista del siglo XIX Henry Walter Bates (1825-1892) se encontraba explorando la selva tropical brasileña, observó un hecho curioso: algunas mariposas de alas claras parecían tener tres pares de patas para caminar, mientras que otras tenían solo dos. Esta desconcertante observación era, de hecho, un ejemplo de mimetismo perfecto entre Dismorphini y las mariposas con patas de cepillo de la tribu Ithomiini.

Dismorphini se esfuerzan tanto por imitar a Ithomiini porque ellas mismas no son tóxicas, mientras que las segundas son muy desagradables para los depredadores. Este tipo de mimetismo se conoce como «batesiano» en honor a la persona que lo describió por primera vez.

↓ *Dismorphia theucharila* (izquierda) es una imitadora casi perfecta de *Ithomia arduinna* a pesar de ser un piérido. Mientras que su modelo *Ithomiini*

tiene cuatro patas para caminar, *Dismorphia* tiene seis, lo que delata su identidad a los observadores agudos.

→ La bandera española (*Anthocharis euphenoides*) es una de las dos docenas de mariposas de este tipo que se alimentan de mostaza en toda la región holártica, sobre todo en climas cálidos. Las orugas están bien adaptadas al consumo de estas crucíferas, ricas en glucosinolatos.

LIMONERAS
Y BLANQUITAS DE LA COL

Las especies miméticas de Pieridae descritas en este capítulo (*véase* página 46) son más excepciones que la regla en esta familia. Las formas y los colores típicos de los piéridos se ejemplifican sobre todo con las limoneras y las blanquitas de la col.

LIMONERAS LONGEVAS

La oruga de la limonera, *Gonepteryx rhamni*, toma su nombre en latín de los espinos (*Rhamnus*) de los que se alimenta. Esta mariposa posee una biología interesante y muy estudiada: pasa el invierno como adulto reproductivamente inactivo; después se aparea y pone huevos en primavera, lo que la convierte en una de las especies más longevas, con adultos que viven hasta 10 meses.

↓ Los machos de *Gonepteryx rhamni* presentan un color amarillo limón más acusado que el de las hembras debido a un pigmento adicional, y sus alas reflejan la luz en el espectro ultravioleta que no podemos ver.

SECUENCIACIÓN DE GENOMAS

La secuenciación de genomas completos de animales, incluidas las mariposas, se está convirtiendo en algo rutinario y puede arrojar luz sobre la evolución y la fisiología de un organismo. En el caso de la blanquita de la col, *Pieris rapae*, se demostró que su población en Norteamérica se originó a partir de un número muy reducido de individuos. El mismo estudio también caracterizó las proteínas responsables de transformar los compuestos defensivos de las plantas en sustancias químicas no tóxicas durante el proceso metabólico. Se cree que otras proteínas llamadas pierisinas ayudan al sistema inmunitario a defenderse de las avispas parasitoides, lo que hace pensar a algunos investigadores que podrían ser posibles candidatas para la investigación de fármacos contra el cáncer.

PATRONES OCULTOS

Los machos y las hembras de *Gonepteryx* presentan patrones de color distintos debido a que los machos tienen dos pigmentos y las hembras solo uno. El intenso color limón de los machos cambia ligeramente dependiendo del ángulo de incidencia y se muestra como un patrón diferente bajo la luz ultravioleta. Esta dispersión de la luz ultravioleta en los machos, ausente en las hembras, hace que los primeros produzcan una ligera iridiscencia. Los machos de *G. cleopatra*, que se encuentran alrededor del Mediterráneo, poseen, además, una vistosa mancha naranja. Para más información sobre el dimorfismo sexual, *véanse* página 68 y capítulo 9, páginas 114-116.

LA TÍPICA MARIPOSA BLANCA

El género *Pieris* representa la típica mariposa de color blanco puro que revolotea errática y despreocupada por los campos, y se detiene brevemente en las flores. Bajo esta apariencia se esconden cerca de 40 especies diferentes, entre las que se incluyen la gran blanca de la col (*Pieris brassicae*), común en Europa; la pequeña blanquita de la col (*P. rapae*), que ahora se encuentra en todo el mundo, y la blanca gigante del sur (*Ascia monuste*) de los trópicos americanos.

AMANTES DE LAS COLES Y LOS GUISANTES

L a familia de los piéridos posee una dilatada historia de coevolución entre plantas huésped y mariposas. Los miembros de la subfamilia Coliadinae, que incluye a las amarillas (*Colias*), *Eurema* y sulfúreos más grandes (por ejemplo, *Phoebis*), se alimentan frecuentemente de leguminosas.

Los piéridos blancos pertenecen a la subfamilia Pierinae, que suele alimentarse de plantas huésped crucíferas, pero existen numerosas excepciones. Es la de derivación más reciente entre las cuatro subfamilias, ya que se diversificó hace alrededor de 50 Ma, y en la actualidad está representada por seis tribus: por ejemplo, las puntas naranja (Anthocharini), las blancas de la madera (Leptosiaini) y, por supuesto, las blancas (Pierini).

MIGRACIONES MASIVAS

Existen algunas excepciones notables en lo que respecta a la afinidad de los sulfúreos hacia las leguminosas. Por ejemplo, las espectaculares migraciones masivas de la mariposa del guayacán, *Kricogonia lyside*, que pueden observarse en hábitats de matorrales subtropicales desde Texas hasta América Latina, se precipitan debido a la búsqueda de guayacán o guayaco

---

SULFÚREOS Y LEGUMINOSAS

Las mariposas sulfúreas prefieren como plantas huésped a las leguminosas, que pueden encontrarse desde los patios traseros de las afueras de las ciudades hasta los helados afloramientos rocosos del Himalaya. Una mariposa amarilla, *Phoebis sennae*, migra con las estaciones a lo largo de la costa sudeste de Estados Unidos mientras permanece atenta a la planta *Chamaecrista fasciculata*. Algunas especies prefieren las plantas de sen y casia para la oviposición, mientras que *Colias* se alimentan de alfalfa, arbustos del guisante y tragacantos, entre otros. Durante los breves veranos de las montañas del Cáucaso y Asia central se pueden encontrar especies endémicas de *Colias* volando a gran velocidad entre estas plantas a grandes altitudes, donde el clima es muy frío durante la mayor parte del año.

ALIMENTARSE DE MUÉRDAGO

Las mariposas pueden diversificarse y hacerse más robustas mediante el uso táctico de plantas huésped, incluido el cambio a otras plantas cuando les conviene. En la tribu Pierini existen algunos casos notables de adaptación a las plantas huésped y la consiguiente diversificación. Por ejemplo, las orugas del género *Delias* se alimentan casi exclusivamente de muérdago en el sudeste asiático y las islas del Pacífico. Gracias al arsenal químico de defensa que han adquirido con su dieta de muérdago, las mariposas *Delias* han tenido bastante éxito y se han propagado en más de 200 especies muy coloridas.

(*Guaiacum officinale*), una planta arbustiva de la familia de las zigofiláceas que es como la leche materna para sus orugas.

Como los sulfúreos, la blanca gigante del sur, *Ascia monuste*, puede desplazarse a gran altura en grupos tan numerosos que estas migraciones masivas son fácilmente detectables por radar (para más información sobre la migración, *véase* capítulo 8, páginas 102-103). Esta especie se distribuye desde Florida hasta Argentina, y suele ser objeto de quejas por tratarse de una plaga frecuente en los cultivos de crucíferas.

CONECTADAS A LOS HUMANOS

Cuando los humanos emigran, suelen llevarse consigo sus cultivos (y sus plagas). La historia de la célebre blanquita de la col, *Pieris rapae*, resulta interesante porque está estrechamente ligada a la expansión y la mezcla de poblaciones humanas por todo el mundo. Según los análisis de ADN, *P. rapae* se extendió primero desde su zona de origen en el Mediterráneo hasta el norte de Europa. De allí pasó a Asia oriental en el siglo XVIII y a Norteamérica en el XIX. En la primera mitad del siglo XX llegó nada menos que a Australia (a través de Nueva Zelanda).

↓ Las orugas de la blanquita de la col, *Pieris rapae*, obtienen de las hojas de la col unos compuestos defensivos llamados pinoresinoles que disuaden a las hormigas.

MARIPOSAS CON PATAS DE CEPILLO (NYMPHALIDAE)

Los ninfálidos, o mariposas con patas de cepillo, forman la familia de mariposas más grande y diversa. Comenzaron a diversificarse hace 80 Ma, dando lugar a subfamilias muy diferentes, como las mariposas hocicudas (Libytheinae) y las mariposas del algodoncillo y de alas de cristal (Danainae). Las mariposas hocicudas forman un grupo muy compacto de alrededor de una docena de especies, algunas de las cuales se alimentan del palo blanco en su fase de oruga. Cuando son adultas, presentan unos palpos atípicamente largos (para más información sobre los palpos, *véase* capítulo 8, página 96); de ahí procede su nombre común.

BELLEZAS TÓXICAS

Las mariposas del algodoncillo (tribu Danaini) se caracterizan por su gran tamaño, su vuelo lento y su afinidad por las plantas huésped del algodoncillo, como *Asclepias* o *Cynanchum* (*véase* capítulo 6, página 81). Las mariposas de alas de cristal (tribu Ithomiini), más pequeñas y finas, suelen tener las alas parcial o totalmente transparentes, lo que las hace casi invisibles a los depredadores. Otros ejemplares de esta tribu poseen alas con rayas de tigre, naranjas y negras. Estas mariposas prefieren volar en el sotobosque oscuro, cerca de sus plantas huésped de solanáceas, y forman anillos de mimetismo en todo el neotrópico (*véase* capítulo 9, página 117).

↓ Un primer plano de la cabeza de la picuda (*Libytheana carinenta*, izquierda) frente a la de la vanesa de los cardos (*Vanessa cardui*) muestra los largos palpos por los que las mariposas hocicudas reciben su nombre. Los palpos cuentan con numerosas sensilias y pueden detectar el olor de la fruta madura.

→ La mariposa alas de tigre neotropical, *Mechanitis menapis*, y la mariposa cometa de papel del sudeste asiático, *Idea leuconoe*, pertenecen a la subfamilia Danaine, en la que los colores brillantes actúan como recordatorio de su toxicidad a los depredadores. Las orugas también reciben protección química de sus plantas huésped.

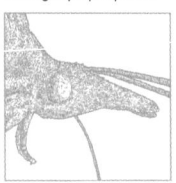

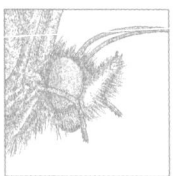

VEO, VEO... UN OCELO

El linaje más reciente de Nymphalidae es la subfamilia Satyrinae, que en la actualidad reúne a grupos que pertenecían a varias familias. La mayoría de estas mariposas son de tamaño pequeño o mediano, con ocelos y un patrón de vuelo errático y saltarín. Algunos linajes escindidos, como, por ejemplo, la subtribu Euptychiina, sufrieron una tremenda radiación en Sudamérica, con unas 500 especies que se dan de forma muy local en asociación con bambúes, gramíneas y, ocasionalmente, plantas bajas como musgos, todos ellos endémicos.

NINFAS ESQUIVAS

Algunas de las especies que vuelan en el oscuro sotobosque de las selvas tropicales sudamericanas, como las de *Haetera* y *Cithaerias,* de la tribu Haeterini, ya no necesitan el color. Con el tiempo, sufrieron una reducción tan drástica del número de escamas en las alas que estas pasaron a ser casi transparentes, con los ocelos de las alas posteriores a modo de adorno. Este patrón engaña a los depredadores para que ataquen solo los márgenes de las alas, evitando así los ataques a la zona vital de la cabeza. Como resultado, aunque estas mariposas prácticamente invisibles sean descubiertas por un depredador perspicaz, tienen muchas posibilidades de escapar casi ilesas, con algún ligero daño en las alas.

GUSTO POR LA FERMENTACIÓN

A menudo se hace referencia a los satíridos como «ninfas de bosque» porque, a diferencia de muchos de sus parientes ninfálidos, se pueden encontrar en el interior de los bosques, revoloteando justo por encima del suelo. Esta peculiar conducta podría relacionarse con la dieta de las mariposas adultas: aunque de vez en cuando se alimentan de flores, son muy aficionadas a la fruta fermentada (de ahí que reciban su nombre de los borrachines compañeros de Baco). ¿Y qué mejor lugar para encontrar fruta en descomposición que el suelo del bosque?

MARIPOSAS BÚHO

La tribu neotropical Brassolini está formada principalmente por especies de mayor tamaño que se alimentan como orugas de plantas del orden de Zingiberales, desde *Heliconia* (como el llantén y el pico de tucán) hasta el jengibre rojo. Algunas de estas especies, como el búho gigante del bosque, *Caligo eurilochus*, pueden llegar a ser una plaga en los plátanos cultivados. Los dibujos de las alas de las mariposas *Caligo* se asemejan a los ojos de las aves, y se cree que sirven de advertencia a los depredadores.

↓ Las mariposas búho poseen ocelos parecidos a los de las aves rapaces, lo que supuestamente evita los ataques de aves más pequeñas.

Existen 17 géneros reconocidos como miembros de Brassolini, desde *Bia*, de tamaño mediano, hasta la enorme *Caligo*, que supera los 16 cm de envergadura, y todas se hallan presentes en selvas tropicales desde México hasta Argentina. Se han convertido en un pilar de las exposiciones de mariposas vivas porque son grandes, llamativas y fáciles de criar.

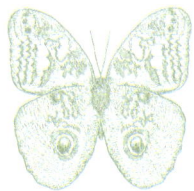

LA GRAN PROPAGACIÓN
DE NYMPHALINAE

Entre el momento en que las mariposas hocicudas y Danainae (*véase* página 52) evolucionaron, hace unos 75 Ma, y la aparición de los satíridos (entre 20 y 30 millones de años más tarde), las mariposas con patas de cepillo experimentaron una rápida radiación. Como resultado, la familia actual se compone de una docena de subfamilias. Una de ellas es Nymphalinae.

MARIPOSAS DE JARDÍN FAMILIARES

Algunas mariposas ninfálidas, como las pavo real y las carey (*Aglais*), las cuatro ojos (*Junonia*), las almirante y las vanesas (*Vanessa*), y las velo de duelo o antíope (*Nymphalis antiopa*), pueden resultar muy familiares para

LAS MOSCAS DE LA FRUTA DEL MUNDO DE LAS MARIPOSAS

Otros miembros de la familia de los ninfálidos que acostumbran a formar dormideros nocturnos y pueden encontrarse en exhibiciones de mariposas vivas son las mariposas de alas largas del género *Heliconius*. Vuelan despacio, son coloridas y se reproducen con facilidad en las pasionarias. Sin embargo, su fama no acaba ahí: unas 50 especies de *Heliconius* se hibridan con frecuencia entre sí, lo que da lugar a patrones alares inesperados. También son expertas en copiarse el aspecto, y a menudo forman anillos de mimetismo. En los últimos 50 años, el género se ha afianzado como las nuevas «moscas de la fruta» para los estudios genéticos y otras investigaciones (*véase* capítulo 9, páginas 106-117), con numerosos doctorados defendidos y artículos publicados sobre ellas cada año.

los habitantes de Europa y Estados Unidos. Otros géneros, como la mariposa daga (*Marpesia*), con largas colas y colores brillantes, resultan más familiares para los habitantes de Sudamérica o quienes visitan exposiciones de mariposas vivas, donde se exhiben con frecuencia.

SUEÑO COMUNITARIO

Como otros animales, las mariposas recurren en algunas ocasiones a «la unión hace la fuerza» como estrategia de supervivencia. Los ninfálidos muestran este comportamiento de agrupación no solo en las fases de huevos y orugas, sino también, más tarde, cuando son adultos. Por ejemplo, las mariposas daga y las tronadoras (*Hamadryas*) forman «dormideros», agrupaciones de mariposas que se reúnen para recoger las alas durante la noche. Si un depredador asusta a una de las mariposas del dormidero, todas emprenden el vuelo a la vez, lo que permite que la mayoría salgan ilesas.

← La mariposa pavo real europea, *Aglais io*, es una de las más bellas y comunes en Europa.

Estas mariposas hibernan de adultas y se alimentan de ortigas en la fase de oruga.

MARIPOSAS MARCAS DE METAL (RIODINIDAE)

Riodinidae es una familia de mariposas pequeñas, pero muy diversas, que se separaron hace más de 70 Ma de su familia hermana Lycaenidae. Se encuentran sobre todo en el neotrópico, con solo una pequeña representación en el Viejo Mundo. La familia se subdivide en siete tribus y unos 130 géneros, con más de 1300 especies.

DISEÑO FLEXIBLE

Los riodínidos están unificados por similitudes en las venas de las alas y los estadios inmaduros, pero por lo demás son muy variables. Abarcan especies con alas espectaculares y brillantes y colas largas (como *Rhetus*) e imitaciones asombrosamente precisas de las mariposas de alas de cristal (como *Stalachtis*). Los integrantes de algunos géneros, como *Calydna* o el numeroso y extenso *Calephelis*, son diminutos (menos de 2 cm de envergadura), con un vuelo aleteante que lleva a confundirlos con facilidad con pequeñas polillas diurnas. Por el contrario, las marcas de metal del género *Eurybia* en el Nuevo Mundo o *Dodona* en Asia son más grandes; llegan a alcanzar una envergadura de 6 cm y se asemejan a mariposas con patas de cepillo en miniatura en cuanto a apariencia y comportamiento.

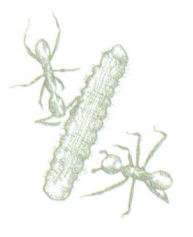

↙ Originarias de Sudamérica, las orugas de *Adelotypa annulifera* viven en brotes de bambú y mantienen una relación simbiótica con las hormigas que las defienden a cambio de secreciones azucaradas. Las hormigas tampoco atacan a las mariposas adultas que las visitan.

→ De superior a inferior: *Echydna punctata*, *Hyphilaria parthenis*, *Mesosemia loruhama*. Estos son solo algunos ejemplos de riodínidos neotropicales. Los machos de esta familia se posan con frecuencia sobre las hojas para vigilar su territorio en busca de hembras. Este comportamiento, así como la hora del día en que se produce, es específico de esta especie.

DESDE EL NUEVO MUNDO Y DE VUELTA

En la actualidad se reconocen dos subfamilias de marcas de metal: Riodininae y Nemeobiinae. Comparten una historia evolutiva común y ambas forman relaciones mutualistas con las hormigas. Numerosas orugas de riodínidos muestran adaptaciones especiales que les permiten hacer señales a las hormigas y recompensarlas con secreciones vegetales dulces. Estas hormigas, domesticadas por las orugas, continúan mostrándose agresivas con otros insectos y vertebrados. De ese modo, estas astutas orugas gozan de protección frente a los depredadores.

MÁS DEL 90 POR CIEN NEOTROPICAL

Se cree que la familia de los riodínidos se originó en el neotrópico, y en la actualidad se pueden encontrar más de 1300 especies de riodínidos en los trópicos latinoamericanos, donde han diversificado enormemente su forma, tamaño e historia natural a lo largo de millones de años. Existen unas 25 especies que se encuentran tan al norte como Estados Unidos, sobre todo de los géneros *Calephelis*, *Apodemia* y *Emesis*. Estas especies suelen tener historias vitales más convencionales que las de sus parientes de la selva.

ENDULZAR EL TRATO

En el neotrópico, las orugas de *Adelotypa* se alimentan de brotes de bambú, lo que provoca la producción de néctar extrafloral que atrae a hormigas y mariposas hacia esas gotitas dulces (*véase página 58*). Las hormigas no muestran ninguna agresividad hacia las mariposas, lo que indica que debe haber alguna señal química y/o visual por la que las hormigas las aceptan. Por otra parte, las orugas de *Pachythone xanthe*, que se alimentan de cochinillas atendidas por hormigas pastores aztecas, no dependen de la buena voluntad de las hormigas. En su lugar, las orugas han desarrollado un caparazón en forma de escudo para protegerse y, para mayor seguridad, también utilizan órganos que segregan azúcar para sobornar a las hormigas.

RIODÍNIDOS DEL VIEJO MUNDO

La otra subfamilia de marcas de metal que se reconoce en la actualidad, Nemeobiinae, tiene un origen más complejo: se encuentra sobre todo en el Viejo Mundo, donde se diversificó todavía más extendiéndose a Asia, África y Madagascar. Especies como la mariposa arlequín malaya roja (*Paralaxita damajanti*), con sus espectaculares colores, pueden encontrarse desde Borneo, Java y la península malaya hasta el sur de Vietnam.

Las cuatro especies del género *Saribia* se hallan exclusivamente en Madagascar y lucen complejos dibujos de «cabezas falsas» (*véanse* página 65 y capítulo 12, página 150). Solo existe un miembro europeo de la familia, el perico (*Hamearis lucina*), que parece una *Fritillaria* en miniatura, aunque su oruga es típica de los riodínidos y se alimenta de prímulas. En el otro extremo del mundo, *Styx infernalis*, una especie de las tierras altas de Perú, parece una mariposa piérida y, junto con *Corrachia leucoplaga* de Costa Rica, se cree que proceden de la dispersión de un linaje del Viejo Mundo a América.

↓ *Styx infernalis* se consideró en un momento dado una familia de lepidópteros, pero resultó ser una especie del Nuevo Mundo de la subfamilia Nemeobiinae, principalmente del Viejo Mundo.

LICÉNIDOS (LYCAENIDAE)

La familia Lycaenidae comprende ocho subfamilias. Entre ellas se encuentran Theclinae, las azules (Polyommatinae) y las cobrizas (Lycaeninae), que son más comunes en Europa, más numerosas y de evolución más reciente. Los dos linajes ancestrales, que comprenden los rayos del sol (Curetinae) y las cosechadoras y patas lanudas (Miletinae), se hallan sobre todo en el sudeste asiático, la región indomalaya, Australia y los afrotrópicos.

UNA ORUGA VESTIDA DE PULGÓN

La subfamilia Miletinae es menos conocida que las azules, Theclinae o las cobrizas, pero sus especies poseen historias vitales notables. Por ejemplo, la oruga de *Feniseca tarquinius*, la única mariposa Miletinae de Norteamérica, no se alimenta de plantas, sino de pulgones laníferos, cuyos restos utiliza en ocasiones como camuflaje. La evolución de esta conducta inusual se explica por el gusto de la mariposa adulta por las secreciones dulces de estos pulgones y el gran beneficio obtenido mediante la carnivoría: la transición de huevo a pupa en poco más de una semana.

↓ Las orugas de *Feniseca tarquinius* se alimentan de pulgones laníferos, lo que les permite desarrollarse rápidamente.

↓ Los huevos de Lycaenidae, como este de mariposa ícaro (*Polyommatus icarus*), son robustos y presentan un aspecto atractivo.

→ Las mariposas azules del género *Polyommatus* incluyen más de 200 especies cuyos machos poseen una coloración brillante en la parte superior, mientras que las hembras son oscuras. Cuando son orugas se alimentan de varios miembros de la familia de los guisantes, como el cuernecillo (*Lotus corniculatus*), la veza (*Vicia*) y la coronilla rosa (*Securigera varia*).

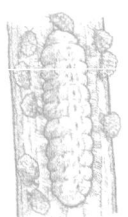

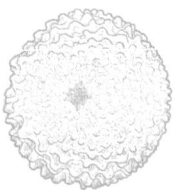

MAESTRAS DEL ENGAÑO

La subfamilia Theclinae incluye numerosas mariposas con una «cabeza falsa»: un dibujo que converge en un punto en el extremo de las alas posteriores, acompañado casi siempre de una pequeña «cola». Al mover las alas traseras adelante y atrás en forma de tijera, la mariposa da la impresión de que el punto es su cabeza y las colas de las alas son antenas. Así, los pequeños depredadores engañados, como las arañas saltadoras y las arañas cangrejo (que permanecen al acecho en las flores), atacan a esos apéndices y la mariposa logra salir indemne.

EVOLUCIÓN CONVERGENTE DE LAS «CABEZAS FALSAS»

El motivo de la cabeza falsa de Theclinae, con preciosos ejemplos en miembros de los géneros *Arawacus*, *Thecla*, *Favonius*, *Atlides*, *Semanga* e *Iraota*, también se encuentra en otras familias de lepidópteros. Seguramente, ha demostrado ser una estrategia del todo eficaz para sobrevivir a los ataques letales de los depredadores, ya que ha ido evolucionando por separado en familias tan diversas como las colas de golondrina, los ninfálidos, los hespéridos y las polillas geométridas.

Otros grupos de insectos, e incluso vertebrados, recurren a la misma estrategia. Por ejemplo, algunos peces, como la corvina roja (*Sciaenops ocellatus*) en Estados Unidos o *Ecsenius stigmatura* en el Pacífico occidental, tienen ocelos muy vistosos en la cola para evitar los ataques de los depredadores. No obstante, ningún grupo de animales ha perfeccionado mejor este engaño que Theclinae.

VÁSTAGOS TÓXICOS

Algunas especies de Theclinae desarrollaron estrategias alternativas de defensa contra los depredadores adoptando plantas huésped tóxicas. La mariposa sedosa gigante azul (*Atlides halesus*) complementa su dibujo de cabeza falsa con la predilección por alimentarse de muérdago y una coloración de advertencia para recordar ese dato a los depredadores. Otras, como la mariposa atala de Florida y el Caribe, así como sus parientes latinoamericanos del género *Eumaeus*, secuestran la cicasina (un compuesto muy tóxico para los vertebrados) de sus plantas huésped.

↑ *Arawacus separata* (Colombia). Las líneas que convergen en la cola y una mancha atraen más atención, si cabe, hacia la «cabeza falsa», que se puede perder sin sufrir daños frente a un depredador que ha sido engañado.

INGENIERÍA A PEQUEÑA ESCALA

Numerosas Theclinae euroasiáticas, como las especies del género *Chrysozephyrus*, presentan una espectacular coloración iridiscente debido a las nanoestructuras en las escamas de las alas (*véase* capítulo 9, página 110). Sus huevos, que sirven como fase de hibernación, deben soportar condiciones duras y frías, así como inundaciones. El resultado es una elegante solución de ingeniería ejecutada a microescala: unas cúpulas puntiagudas parecidas al coral, pero con una regularidad matemática en su estructura.

MARIPOSAS DE COBRE

L a subfamilia Lycaeninae se conoce coloquialmente como mariposas de cobre, mientras que en otros idiomas su nombre común denota «fuego». De hecho, estas mariposas parecen chispas efímeras que vuelan sobre el verde telón de fondo de los prados, apareciendo y desapareciendo al ritmo de su aleteo. Esta conducta envía señales a sus parejas y rivales, y también puede ayudarlos a eludir a los depredadores. Algunas mariposas de cobre, como las especies de *Athamantia* de Asia Central, tienen pequeñas «colas» en las alas traseras que dan forma a dibujos de falsas cabezas como los de Theclinae.

COBRES COMUNES

El aspecto típico de Lycaeninae tiene su mejor ejemplo en la mariposa manto de oro, *Lycaena virgaureae* (antaño común en Europa), cuyos machos presentan la superficie superior de las alas de un intenso color rojo anaran-

ENTENDER EL COLOR

Al observar el brillo ardiente de las alas de Lycaeninae cuando la luz del sol rebota en ellas en la fracción de segundo que transcurre entre aleteos, uno no puede evitar preguntarse qué clase de truco crean esos colores metálicos tan brillantes. Los investigadores pueden responder a esta pregunta mediante una combinación de espectroscopia de reflectancia y microscopía electrónica de barrido. Con estas dos técnicas pueden cuantificar cómo cambia el comportamiento de dispersión de la luz con minúsculas alteraciones de los patrones nanoestructurales del ala. Los resultados pueden ser sorprendentes: una simple ala marrón puede adoptar un rojo metálico iridiscente con solo reducir a la mitad la distancia entre las barras transversales que conectan las crestas principales de las escamas del ala.

jado, adornadas con elegantes márgenes negros. Las hembras tienen más adornos en forma de manchas negras que destacan sobre ese fondo naranja intenso. Otro miembro muy conocido del género *Lycaena* (que incluye más de 80 especies) es la mariposa manto bicolor, *L. phlaeas*. Esta mariposa roja y negra es una de las especies más extendidas del mundo, desde Eurasia hasta el norte de África y Norteamérica.

MASTICAR ACEDERA

Como muchos otros miembros del género *Lycaena*, las orugas de la mariposa manto bicolor se alimentan de acedera (*Rumex*), y los huevos sirven de etapa de hibernación. Aunque las mariposas de cobre se alimentan de una planta huésped relativamente común, su supervivencia no siempre está garantizada. La mariposa manto grande, *L. dispar*, se extinguió en las islas británicas a mediados del siglo XIX, cuando los hábitats húmedos preferidos por las mariposas se convirtieron en tierras agrícolas.

← Mariposa manto grande (Polonia). Esta especie se encuentra ampliamente distribuida por toda Europa; sin embargo, por desgracia, la subespecie autóctona de Gran Bretaña se extinguió a mediados del siglo XIX.

LOS AZULES NO SIEMPRE SON LO QUE PARECEN

La subfamilia Polyommatinae, conocida como «azules», comprende especies comunes cuyos machos muestran dibujos de color azul cielo, a veces iridiscentes, en las alas. Las hembras suelen tener colores más modestos. En la niña celeste (*Lysandra bellargus*), son marrón apagado con manchas anaranjadas.

DIMORFISMO SEXUAL Y ESPECIACIÓN

La rápida evolución de la coloración y la marcada diferencia entre los patrones alares de machos y hembras sugieren que la coloración desempeña un papel importante en la selección sexual. Los estudios sobre las más de 200 especies del género *Polyommatus* revelan que las especies más emparentadas eran las que presentaban una mayor variación de color. Los matices de color benefician a la hembra de la especie, que se basa en las tonalidades para identificar a posibles parejas.

MIRMECÓFILOS EN PELIGRO

La mariposa azul de Miami, una subespecie de *Cyclargus thomasi* en peligro de extinción, se alimenta de plantas de la familia de las fabáceas en la costa de los Cayos de Florida. Esta diminuta mariposa mantiene una asociación no obligatoria con ciertas hormigas, como la carpintera de Florida (en la imagen), que reciben una secreción dulce de las orugas y, a cambio, no las atacan. La hormiguera de lunares, *Phengaris arion* (ahora rara en Europa) no es tan dulce: sus orugas parasitan los nidos de las hormigas *Myrmica* imitando químicamente a la hormiga reina, con lo que engañan a las obreras para que las alimenten a costa de la colonia de hormigas.

EVOLUCIÓN DE LOS CROMOSOMAS

Los científicos que estudian la evolución de los cromosomas están descubriendo que algunos géneros de mariposas son grupos especialmente fructíferos para la investigación. Los grupos taxonómicos más grandes, como las familias de mariposas, suelen tener un número similar de cromosomas, pero a menudo se producen desviaciones repentinas e inexplicables. Las azules del género *Polyommatus* son una excepción y ostentan el título de tener el mayor número de cromosomas de todas las especies animales no poliploides (es decir, sin duplicación de cromosomas). En *P. atlanticus*, su ADN nuclear está «empaquetado» en la asombrosa cifra de ¡452 cromosomas separados!

PATRONES ALARES VENTRALES

Cuando las azules no están volando o apareándose, suelen mantener las alas cerradas. En esos momentos, muestran al mundo sus patrones ventrales menos brillantes, que a menudo presentan una serie de círculos concéntricos. Los dibujos a base de manchas resultan útiles para alterar visualmente la forma de una mariposa, ya que facilitan el camuflaje. A corta distancia, las manchas marginales sirven para desviar los ataques de la cabeza al margen del ala. Las azules cebra (*Leptotes*), que incluyen unas 30 especies presentes sobre todo en África, no solo poseen manchas, sino también pequeñas colas en las alas traseras y una única mancha brillante, lo que intensifica el motivo de «cabeza falsa», similar al de Theclinae (*véase* página 64).

ORUGAS CRÍPTICAS

Polyommatinae se asocian sobre todo con plantas huésped herbáceas, y prefieren las leguminosas ricas en nitrógeno. Las hembras suelen poner sus huevos en las propias flores y, una vez que eclosionan, las orugas comienzan su existencia comiendo flores suculentas que ofrecen refugio, además de alimento. Cuando las orugas crecen y pupan, se mantienen crípticas, camufladas entre pétalos y hojas. Dado que no es posible eludir a las hormigas ni siquiera con el mejor camuflaje, estas orugas producen secreciones dulces para sobornar a esos soldados.

CUATRO VIDAS EN UNA

En esencia, la metamorfosis consiste en la división del trabajo. Un ciclo completo de metamorfosis con cuatro etapas de desarrollo presenta numerosas ventajas: los huevos que albergan embriones, la oruga de crecimiento rápido, la pupa que cambia de forma y el adulto que busca pareja y produce y dispersa huevos. Esta estrategia brinda flexibilidad y garantiza a cada individuo, población y especie una mayor probabilidad de supervivencia.

CUALQUIER ETAPA PUEDE ENTRAR EN DIAPAUSA

El huevo puede servir como simple incubadora de embriones que no dura más de una semana, o puede ser un búnker de hibernación que protege al frágil organismo de las duras condiciones externas. De hecho, cualquier etapa del desarrollo puede entrar en diapausa (una fase fisiológicamente inactiva) para hacer frente a circunstancias adversas, incluida la propia mariposa. El adulto solo permanece alado alrededor de un par de semanas, pero puede vivir hasta 10 meses cuando es necesario.

Cada especie tiene su propia estrategia. La mariposa topacio, *Thecla betulae*, pega sus huevos a ramitas de cerezo de racimos para soportar el duro invierno. En el caso de numerosos satíridos, como la ninfa común de bosque norteamericana (*Cercyonis pegala*), son las orugas recién nacidas las que constituyen la fase de diapausa. En el planeador húngaro, *Neptis rivularis*, la oruga más vieja construye un refugio invernal en la hoja de la planta huésped. La limonera (*Gonepteryx rhamni*) y la mariposa pavo real europea (*Aglais io*) pasan el invierno como adultas prácticamente inactivas, aunque esta última muestra sus ocelos en un intento de ahuyentar a los depredadores si se le molesta.

↓ La mariposa emperatriz tejana, *Asterocampa clyton*, muy extendida por el este de Norteamérica, siente una gran predilección por la savia de los árboles y la fruta fermentada.

COMUNAS DE ORUGAS

En ocasiones, la oruga no representa únicamente la fase de crecimiento, sino también la de dispersión. Cuando los huevos se ponen
en grandes grupos, como hace la mariposa emperatriz tejana
(*Asterocampa clyton*), las orugas se alimentan al principio en un
grupo numeroso, para superar las defensas de la planta. A medida
que crecen y necesitan acceder a más hojas (de almez en el caso de
la emperatriz tejana), se independizan y acaban pupando por separado. En otros casos, como el de algu-
nas mariposas carey (especies de *Aglais*),
las orugas permanecen juntas dentro de
un enorme nido de seda tejido sobre un
parche de sus ortigas huéspedes y solo
salen del nido para alimentarse y pupar.

↓ Las orugas jóvenes de
la emperatriz tejana se
alimentan en grandes
grupos en árboles del
género *Celtis*. Hibernan
en el tercer estadio en
grupos más pequeños
dentro de hojas enrolladas.

HUEVOS: LA CUNA

Las mariposas pueden poner huevos de manera individual o en grupos, lo que determina si las orugas resultantes comenzarán su vida solas o acompañadas. Por lo general, la hembra que oviposita pega el huevo a la planta huésped, aunque se ha observado que algunos satíridos, como las mariposas lobito listado (*Pyronia bathseba*) y rey moro (*Brintesia circe*), lanzan sus huevos sobre matas de hierbas de la planta huésped.

OVOARQUITECTURA

Los huevos pueden tener formas muy variadas, desde esferas perfectas hasta estructuras aplanadas o cónicas. Pueden ser blandos o duros, lisos o esculpidos, o incluso espinosos. La construcción específica del huevo viene determinada por numerosos factores, como la necesidad de soportar grandes cantidades de agua o sobrevivir a largos inviernos. Un huevo contiene citoplasma y una yema, formada por lípidos, proteínas, glucógeno y carbohidratos libres. Está protegido por una membrana y una cáscara, y el aire llega al embrión en formación a través de aerópilos.

↓ El huevo de la blanquita de la col está reforzado con costillas verticales. Lo corona una zona en forma de roseta y una abertura llamada micropilo a través de la cual se produce la fecundación antes de la puesta del huevo.

→ Ciclo vital de *Pieris rapae*, la blanquita de la col. Los huevos se ponen por separado y las larvas, vulnerables a numerosos depredadores y parasitoides, son de un verde críptico. Sin embargo, no son del todo indefensas, ya que producen una secreción pegajosa en las puntas de sus diminutas setas que repele a las hormigas.

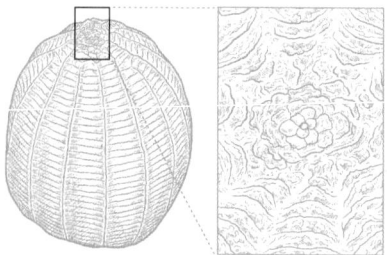

ORUGAS: LAS CULTURISTAS

Las orugas no suelen ser objeto de un gran respeto, ni siquiera por parte de los amantes de las mariposas. Se las considera voraces máquinas de comer, o bien plagas destructoras de cultivos. Su capacidad para convertir la materia de las hojas en tejido resulta asombrosa: pueden multiplicar por mil su tamaño en solo un mes. Sin embargo, poca gente se fija lo suficiente en estas fascinantes criaturas para ser conscientes de las numerosas características que las distinguen de los «gusanos».

DE LA HOJA AL EXCREMENTO

Para aprovechar los nutrientes de las fibras vegetales, la oruga debe masticar bien. Para ello, utiliza su labro, un escudo dentado situado delante de las demás piezas bucales, para dirigir la hoja hacia las mandíbulas que la trituran. Los palpos labiales y maxilares llevan la hoja triturada a la boca. Después de pasar por el sistema digestivo (*véase* capítulo 7, páginas 84-85), los residuos adoptan la forma de bolitas de excrementos en forma de barril y son expulsados; en ocasiones se catapultan a propósito para evitar ser detectados por los depredadores (*véase* capítulo 12, página 146).

DEFENSAS DE LAS ORUGAS

Las orugas cuentan con diversas estrategias de autodefensa. Muchas son coloridas, lo que indica que se defienden por medios químicos (son tóxicas), gracias a los compuestos vegetales que secuestran de su dieta. Algunas especies, como las colas de golondrina, tienen osmeterios, que son unas glándulas que liberan un olor desagradable cuando la oruga se siente amenazada. Otras, como los licénidos y las marcas de metal, dependen del *quid pro quo*: producen secreciones dulces para las hormigas a cambio de protección (*véase* capítulo 5, página 68).

← La oruga de *Polyura hebe*, que vive en el sudeste asiático, tiene cuernos en la cabeza como defensa contra los enemigos.

HILAR SEDA

Debajo de las piezas bucales se encuentra una hilera, un órgano alargado que libera seda. Un par de glándulas de seda se extienden a lo largo del cuerpo de la oruga y producen una mezcla líquida de proteínas que se expulsa en forma de fibras finas y resistentes. Aunque la seda se suele asociar con la forma en que las orugas de las polillas construyen sus capullos antes de pupar, casi todas las orugas de lepidópteros producen esta sustancia. Las orugas de mariposa la utilizan para colocar almohadillas, o puntos de anclaje, en las hojas mientras se alimentan, para construir refugios con hojas y para fijar una crisálida antes de la pupación. Cuando a las orugas se les queda pequeña la piel, se sujetan con seda mientras mudan.

Además de estas formas activas de defensa, la mayoría de las orugas también intentan pasar desapercibidas utilizando el camuflaje y viviendo en refugios poco visibles. Si son descubiertas, pueden intentar ahuyentar a los depredadores y los parasitoides con los cuernos de la cabeza. Si las atrapan, se aferrarán a su hoja con todas sus fuerzas mediante unos pequeños ganchos afilados situados en sus patas delanteras. Algunas se quedan inertes ante la primera señal de peligro, se dejan caer de la planta y se hacen las muertas con la esperanza de quedar ocultas entre la maleza.

PERCIBIR EL MUNDO

Las orugas tienen seis pares de ojos llamados stemmata (véase capítulo 8, página 98), unas antenas cortas para percibir los olores y el tacto físico, y receptores del gusto en la epifaringe. Las antenas están debajo de las stemmata y apuntan hacia abajo, con una sensilia bulbosa en el extremo. El olfato de las orugas funciona mejor a corta distancia y proporciona información crucial sobre los volátiles vegetales específicos, para elegir las hojas adecuadas.

CRISÁLIDAS: LAS QUE SE ESCONDEN

Antes de pupar, la oruga se deshace del exceso de comida de su intestino, localiza un lugar lo bastante seguro para la futura crisálida y se convierte en prepupa. En ese momento se fija al sustrato con seda, su intestino se vacía, sus reservas de grasa se maximizan y las hormonas abundan, transformando las alas, las gónadas y otros órganos embrionarios en sus homólogos adultos.

EVITAR LA ATENCIÓN

Muchas orugas abandonan sus hogares infantiles (es decir, sus plantas huésped) para pupar porque es el primer lugar donde las buscarán los parasitoides y los depredadores, y se encontrarán en su momento más vulnerable como crisálidas. Las orugas de olmera, *Nymphalis polychloros*, se alimentan de forma gregaria, arrancando ramas enteras de olmos o sauces. Cuando maduran se arrastran lejos del lugar de alimentación y pupan en el tronco o lejos del árbol. En Norteamérica, las monarcas y las colas de golondrina azul suelen pupar en estructuras artificiales, como señales de tráfico y edificios. Muchos hespéridos pupan en el interior de hojas enrolladas, en ocasiones formando un capullo de seda. En algunos linajes ancestrales de mariposas (*véase* capítulo 3, página 36), las orugas se entierran en el suelo (*Baronia*) o bajo las rocas (*Parnassius*) antes de pupar.

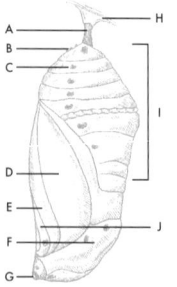

← En la superficie de la crisálida se pueden observar las partes del cuerpo de la futura mariposa adulta. (A) cremáster, (B) genitales, (C) espiráculo, (D) ala, (E) antena, (F) tórax, (G) cabeza, (H) almohadilla de seda, (I) abdomen, (J) patas.

→ En el contexto de su entorno, la mayoría de las crisálidas son crípticas, pero existen algunas excepciones. (A) Riodinidae (*Melanis*), (B) Hedylidae (*Macrosoma*), (C) Pieridae (*Pieris*), (D) Lycaenidae (*Eumaeus*), (E) Hesperiidae (*Tagiades*), (F) Papilionidae (*Troides*), (G) Nymphalidae (*Euphydryas*).

LOS ENEMIGOS NATURALES

Gracias a numerosas observaciones y experimentos, sabemos que la depredación por parte de las aves impulsa la evolución de los patrones de color de las mariposas y de sus defensas químicas. Sin embargo, las orugas tienen muchos más enemigos para los que han desarrollado defensas adicionales.

SUSTENTO PARA VERTEBRADOS

Las orugas son una importante fuente de alimentación para los polluelos de las aves. Si alguna vez ha observado, a primera hora de la mañana, cómo inspeccionan las pequeñas currucas cada centímetro de la rama de un árbol mientras buscan alimento, se dará cuenta de lo difícil que le resultaría escapar de la detección a una oruga que estuviese en esa rama.

AVISPAS PARASITOIDES Y DEPREDADORES

A pesar del evidente papel de la depredación de las aves sobre las orugas, son los invertebrados los que ejercen la mayor presión selectiva. Estos depredadores y parasitoides son inimaginablemente numerosos. Se calcula que la ciencia solo ha descrito entre el 5 y el 12 por ciento de las más o menos 800 000 especies de parasitoides, que han desarrollado un arsenal de armas dirigidas de manera específica a un número limitado de presas, lo que las hace muy eficaces.

DEPREDACIÓN POR ABANIQUILLOS (*ANOLIS*)

Los lagartos son cazadores oportunistas de orugas. Se cree que el abaniquillo verde, que se introdujo en Japón, tuvo algo que ver en la extinción de *Celastrina ogasawaraensis*. En Estados Unidos, la situación va de mal en peor: los abaniquillos pardos, introducidos desde el Caribe, están superando a los verdes autóctonos y, con frecuencia, se convierten en depredadores, a su vez, de las mariposas y sus orugas.

Las hembras de los parasitoides pueden detectar los químicos volátiles producidos por una planta huésped bajo el ataque de una oruga y se concentran en sus víctimas. Cuentan con ovipositores en forma de jeringuilla que utilizan para inyectar huevos en las orugas, que quedan paralizadas momentáneamente con veneno para evitar que se agiten. Las avispas alfareras y otros esfécidos también paralizan a las orugas, pero de forma permanente, utilizándolas a modo de «comida enlatada» para sus larvas. La oruga paralizada se sella con el huevo de la avispa en una cámara de barro parecida a una olla, y ahí se desarrollará la larva de la avispa.

↑ Avispa parasitoide icneumónida depositando un huevo dentro de una oruga. Su larva se desarrolla dentro de la hemolinfa mientras la oruga sigue creciendo. Al final, la huésped muere.

AUTOSTOP

No solo las orugas y las crisálidas pueden sufrir el ataque de parasitoides. Las diminutas avispas tricogramatidas (especie de *Xenufens*) se suben a las enormes alas de la hembra de la mariposa búho gigante del bosque, *Caligo eurilochus*, hasta que esta pone sus huevos. Las avispas se apean después y ponen sus huevos dentro de los huevos de la mariposa. Las avispas son tan diminutas que pueden llegar a convertirse en adultas dentro de un huevo de mariposa.

PATÓGENOS MORTALES E INTERESANTES

Los virus, las bacterias y los hongos también pasan factura a las orugas. Si alguna vez ha visto una oruga colgando de la rama de un árbol, negra y sin vida, como licuada por dentro, probablemente haya sido víctima de una infección baculoviral. Las esporas fúngicas permanecen latentes en las hojas de la planta huésped y, cuando una oruga las ingiere, crecen de forma invisible en su interior. Finalmente se convierten en momias rellenas de micelio.

No todas las bacterias patógenas son mortales para las orugas. A principios del siglo XX, los científicos observaron que algunas mariposas africanas del género *Acraea* tenían una proporción de sexos muy sesgada a favor de las hembras, y se descubrió que las responsables eran unas bacterias llamadas *Wolbachia*. Las orugas genéticamente masculinas se convertían en mariposas adultas femeninas, pero un tratamiento con antibióticos administrado a las orugas infectadas restablecía la proporción de sexos 1:1.

COEVOLUCIÓN DE MARIPOSAS Y PLANTAS

Si bien las orugas son comedoras voraces, no actúan de manera indiscriminada. Pocas orugas son polífagas (es decir, que se alimentan de varias plantas huésped), y la mayoría consume tan solo una pequeña variedad de plantas. En ocasiones, su dieta se limita a una sola especie vegetal. Su desarrollo físico y su evolución están ligados inexorablemente a las plantas que eligen.

EL GUSTO VIENE DE FAMILIA

Las hembras de las mariposas son muy exigentes con las plantas en las que ponen sus huevos, porque cada planta tiene su propio conjunto de defensas químicas y de otro tipo que las jóvenes orugas tendrán que superar. Los grupos taxonómicos de mariposas unidos por una historia evolutiva común suelen utilizar plantas huésped similares. Por ejemplo, entre las colas de golondrina, la mayoría de las mariposas Apolo (*Parnassius*) se alimentan de uva de gato, y los troidinos se alimentan de aristoloquias (*véase* capítulo 3, páginas 36-39). En cuanto a los piéridos, muchos comen leguminosas o crucíferas (*véase* capítulo 4, página 50), aunque las mariposas del género *Delias* se alejan de la norma al elegir el muérdago (*véase* el capítulo 4, página 51).

ESPECIALISTAS EN ALGODONCILLO

Entre los ejemplos mejor estudiados de coevolución mariposa-planta se encuentran los miembros de la tribu Danaini, conocidos por su afinidad con los algodoncillos (véase capítulo 4, página 52). Incluso la conducta de sus orugas está perfectamente adaptada para poder alimentarse de estas plantas nocivas. Por ejemplo, la oruga de la monarca, *Danaus plexippus*, realizará una incisión inicial en la vena de la hoja para drenar la pegajosa savia de color lechoso antes de dar su primer mordisco. La volantera falsa menor (*Anetia briarea*), en la isla de La Española, en las Antillas, se alimenta de algodoncillo (*Cynanchum*), demasiado tóxico incluso para que las monarcas las utilicen como alimento.

GENÉTICA DE LA DESINTOXICACIÓN

Gracias a la investigación genómica, los científicos están empezando a comprender las vías evolutivas que han permitido a mariposas y orugas secuestrar compuestos vegetales tóxicos para su propio uso. Por ejemplo, se ha demostrado que las diferencias en el gen ATPα explican la resistencia de la monarca a los glucósidos cardíacos, compuestos presentes en el algodoncillo.

Este dato se determinó secuenciando primero los genomas de varios órdenes de insectos que se alimentan tranquilamente de algodoncillo y se identificaron las secuencias de ADN que tienen en común. A continuación, para comprobar que esas secuencias estaban relacionadas realmente con la inmunidad al algodoncillo, se alteraron los genomas de moscas de la fruta para introducir esas secuencias de ADN. De manera sorprendente, aquellas «moscas de la fruta monarca» adquirieron resistencia a los químicos del algodoncillo, estableciendo así el vínculo genético.

← Orugas de colores aposemáticos alimentándose de muérdago y ejemplar adulto de *Delias hyparete*, una mariposa muy variable que se encuentra en el sudeste asiático.

RESPIRACIÓN

Los insectos no tienen un corazón con cuatro cámaras que bombea sangre roja por las arterias, pero sí cuentan con un sistema circulatorio que realiza una función similar. Mientras que el cuerpo humano necesita diminutos capilares que se extienden hasta cada extremidad y se entretejen por todos los rincones de un órgano para suministrar oxígeno y eliminar el dióxido de carbono, la hemolinfa de un insecto limpia los órganos libremente. La bombea por todo el cuerpo un órgano largo y tubular llamado vaso dorsal, que recorre la espalda del insecto. Como la sangre, la hemolinfa transporta nutrientes, productos de desecho, hormonas y células inmunitarias por todo el organismo.

INTERCAMBIO DE GASES

En los insectos, la respiración se realiza a través del sistema traqueal o, lo que es lo mismo, una red de tubos quitinosos muy finos y ramificados que transportan oxígeno por todo el cuerpo. Las nueve aberturas de la tráquea están situadas en los espiráculos a lo largo del tórax (dos) y el abdomen (siete) de la mariposa adulta. En la oruga, la distribución de los espiráculos cambia a uno y ocho, respectivamente.

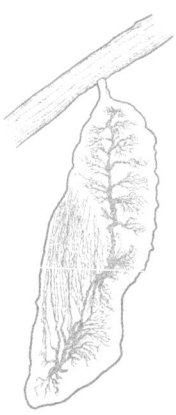

El intercambio de gases en las traqueolas (las ramas terminales de cada tráquea con forma de árbol) dista mucho de ser una difusión pasiva, como se supuso durante mucho tiempo. De hecho, recibe la asistencia de la contracción de los músculos y el bombeo de la hemolinfa. La interacción entre los gradientes de presión en las traqueolas y la apertura y el cierre de los espiráculos crea un sistema de circulación de aire temporalmente cerrado que permite que el oxígeno penetre más en los tejidos.

← Diagrama que muestra las tráqueas y las traqueolas ramificadas dentro de una crisálida de mariposa. Estos tubos ramificados penetran en las alas y otros tejidos, y les suministran oxígeno.

AIRE EN LAS VELAS

Las alas de las mariposas son tejido vivo, lo que significa que también necesitan oxígeno. La tráquea y la hemolinfa están encerradas por largos tubos cuticulares ramificados (las venas de las alas), junto con una capa epidérmica y nervios. La hemolinfa es bombeada por músculos que se expanden y se contraen (los «corazones alares»), situados en el tórax. Cuando el volumen local de hemolinfa aumenta, ejerce presión sobre las tráqueas elásticas, expulsando el aire viciado de su interior. Cuando la hemolinfa es bombeada y su volumen disminuye, la presión negativa en la tráquea hace que el aire fresco llegue a las alas.

↑ El ala de la mariposa morpho muestra las venas que contienen la tráquea y los nervios. El bombeo de hemolinfa a través de las venas hace que las alas se expandan cuando la mariposa sale de la crisálida.

ALIMENTACIÓN Y DIGESTIÓN

Aunque las fases larvaria y adulta tienen dietas distintas debido a sus respectivas demandas energéticas, sus sistemas digestivos presentan algunos puntos en común. Ambas tienen un intestino anterior, uno medio y uno posterior formado por el íleon y el recto. Los túbulos de Malpighi recogen los subproductos disueltos del metabolismo de los tejidos y los dirigen al recto posterior, donde se absorben el agua y las sales, y se excreta el resto.

DIGESTIÓN EN EL INTESTINO MEDIO

El intestino contiene numerosas bacterias y hongos que ayudan a digerir la celulosa, a sintetizar las vitaminas necesarias y a defenderse de patógenos y sustancias químicas insecticidas de las plantas a cambio de un entorno estable que permita su desarrollo. En el intestino medio se produce la mayor parte de la digestión, incluida la descomposición de la materia vegetal y las bacterias de las que se obtienen los nutrientes. Está revestido de una matriz peritrófica que se encarga de la defensa inmunitaria, e impide que las bacterias y los hongos entren en contacto directo con el epitelio y causen infecciones.

TRANSFORMACIONES EN EL TRACTO DIGESTIVO

El aparato digestivo reduce su tamaño durante la metamorfosis. El intestino anterior, donde se almacena el alimento masticado, pero no digerido, en la oruga, pasa a ser mucho más delgado y largo durante la fase de pupa. La pupa también desarrolla un «buche», un saco conectado al intestino anterior, que está lleno de líquido en la pupa pero vacío en la adulta. Se cree que su función consiste en almacenar el líquido adicional necesario para expandir las alas de la mariposa al emerger.

CAMBIOS EN LA DIETA A LO LARGO DE LA VIDA

La transformación del sistema digestivo durante la metamorfosis está relacionada con el cambio en el tipo de alimento que consume la adulta. Las orugas comen mucha materia vegetal sólida, mientras que la mayoría de las mariposas se alimentan de azúcares y aminoácidos líquidos que encuentran en el néctar o en la fruta fermentada, alimentos de alto valor energético necesarios para el vuelo. Bombean ese alimento líquido a través de una larga y fina probóscide hasta el intestino anterior, eliminando así la necesidad de masticar.

Heliconius digiere el polen que se pega a su probóscide. La absorción de aminoácidos procedentes de esta fuente de alimento les permite vivir más tiempo que otras mariposas sin hibernación.

Las mariposas de alas largas (*Heliconius*), además de néctar, también se alimentan del polen que se les queda pegado a la probóscide. Sin embargo, incluso en este caso, el alimento sólido se digiere primero de manera externa mediante la liberación de enzimas que descomponen las proteínas del polen en aminoácidos, y después se ingieren con el líquido. Se cree que la adición de polen a la dieta está relacionada con la notable longevidad de estas mariposas.

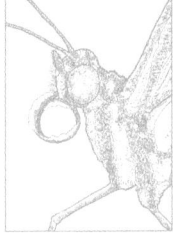

EXCRECIÓN

L os túbulos de Malpighi forman un conjunto de finos conductos que penetran en el cuerpo, recogen los subproductos del metabolismo de la hemolinfa y los transportan al intestino posterior, donde algunos se excretan y otros se reabsorben. Dado que las orugas y las mariposas comen alimentos húmedos, los metabolitos diluidos, así como el sodio y el potasio, pueden viajar directamente al intestino.

RECICLAJE DE SALES

Las orugas necesitan mantener un pH muy alto en su intestino medio para crecer tan rápido como lo hacen, ya que las condiciones alcalinas son más favorables para los microorganismos simbióticos y para la digestión y absorción de los alimentos. A fin de mantener este entorno, es necesario que las orugas tengan la capacidad de reabsorber el potasio excretado de los tejidos durante el proceso metabólico. De eso se encargan los túbulos del intestino posterior que forman el sistema criptonefridial, un conjunto de vasos situados en la pared interna del intestino. En las mariposas adultas que se alimentan de líquidos, el sistema se remodela para permitir una excreción de líquidos más rápida.

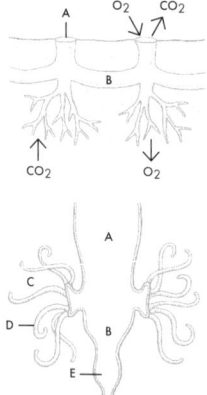

← A través de las aberturas situadas a lo largo del cuerpo llamadas espiráculos (A), se suministra aire oxigenado a los tejidos mediante tubos denominados tráqueas (B) que se ramifican en tubos cada vez más pequeños.

← Los túbulos de Malpighi (D) se conectan a los intestinos, donde el intestino medio (A) se une al intestino posterior (B). Juntos, estos sistemas eliminan los desechos metabólicos del intestino y la hemolinfa (C) a través del recto (E).

→ Sistemas de la mariposa adulta: (A) nervioso, (B) digestivo, (C) túbulo de Malpighi, (D) circulatorio, (E) reproductor. La mayoría de los órganos están presentes también en la oruga, pero algunos sufren una reestructuración durante la metamorfosis (las flechas muestran el flujo de la hemolinfa; *véase* página 83). El sistema respiratorio (tráquea) no se indica en la imagen (*véase* página 82).

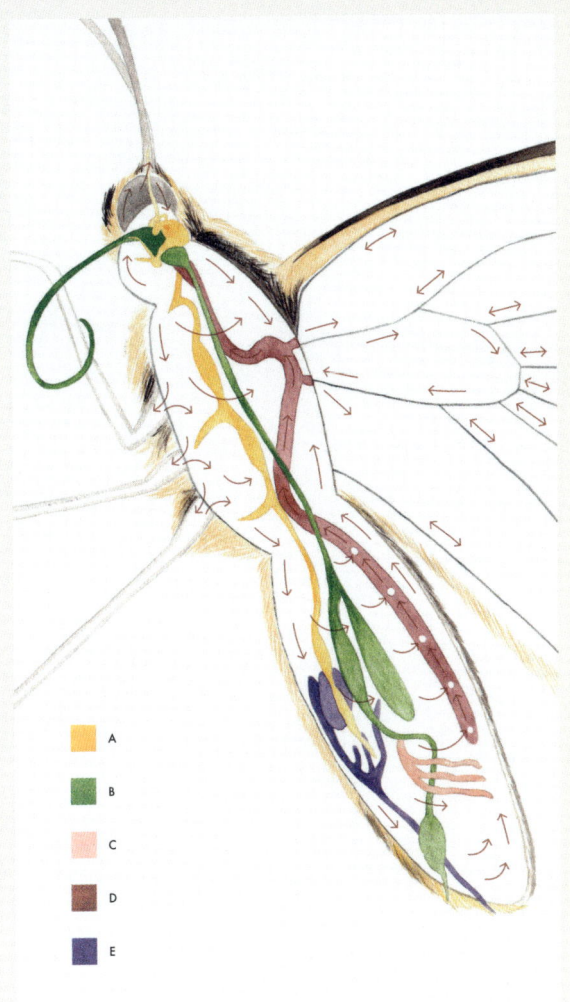

■	A
■	B
■	C
■	D
■	E

HORMONAS

L a metamorfosis se regula a través de la fluctuación de las hormonas. La mayoría de los órganos de la mariposa adulta ya están presentes de algún modo en la oruga formada, pero experimentan una reestructuración considerable en el transcurso de la metamorfosis. Las alas y las gónadas masculinas se desarrollan de manera más gradual a medida que la oruga madura, mientras que los órganos reproductores femeninos, la probóscide y los ojos compuestos solo se forman en el interior de la crisálida.

↓ Las hembras de la loba, *Maniola jurtina*, pueden entrar en diapausa reproductiva durante la etapa más calurosa del verano.

Existen tres hormonas principales que controlan las funciones esenciales en la metamorfosis de los insectos: la cerebral, la juvenil y la de la muda, conocida como ecdisona. Hasta la fecha se han identificado más de 30 hormonas de insectos.

LA MIGRACIÓN DE LAS MONARCAS Y LA HORMONA JUVENIL

Al salir de la crisálida, en otoño, la mariposa monarca (*véase capítulo 8, páginas 102-103*) suele tener niveles bajos de hormona juvenil. Así, en lugar de producir huevos y esperma, empieza a migrar a su lugar de hibernación mientras acumula grasa. Estas mariposas viven mucho más tiempo. Machos y hembras se instalan juntos, en ocasiones por millones, para pasar el invierno, pero no se aparean hasta la primavera, cuando los niveles de hormona juvenil aumentan en respuesta a la prolongación de los días y las temperaturas más cálidas. Las hembras de esta generación empiezan entonces a producir y poner huevos, que dan lugar a las tres generaciones siguientes que recolonizan los vastos territorios abandonados por las monarcas en otoño.

DESCUBRIMIENTO DE LA HORMONA

A principios del siglo XX se propuso la existencia de la hormona cerebral a partir de experimentos con orugas de la polilla lagarta peluda (*Lymantria dispar*) a las que se les extrajo el cerebro en distintas fases de desarrollo. El papel de los cuerpos alados en la metamorfosis se descubrió en la década de 1930 gracias a estudios sobre gusanos de seda. En las dos décadas siguientes se utilizaron tres especies de polillas gigantes de la seda para comprender el papel de la hormona juvenil mediante experimentos quirúrgicos y análisis químicos. Ya se se han descubierto cuatro variantes diferentes de la hormona juvenil en los insectos, algunas exclusivas de los lepidópteros.

LAS HORMONAS CEREBRAL Y JUVENIL

La hormona cerebral regula principalmente la producción de hormonas ecdisteroides por parte de la glándula protorácica, pero las pruebas sugieren que también podría desempeñar un papel en la producción de huevos. Cuando llega el momento de la muda, la glándula protorácica, situada en el primer segmento del tórax, libera ecdisona bajo la influencia de la hormona cerebral. Debido a esta conexión, la hormona cerebral también se conoce como hormona protoracicotrópica (HPTT).

Otras hormonas regulan el desprendimiento de la cutícula vieja, la tráquea y la cápsula cefálica durante la muda, incluidas las mandíbulas viejas que se han desgastado debido a la masticación constante.

HORMONA JUVENIL Y METAMORFOSIS

Los niveles de hormona juvenil (producida en los cuerpos alados) y hormona ecdisteroide dictan si la oruga pupa o muda al siguiente estadio. La pupación se inhibe cuando los niveles de hormona juvenil son altos, pero en cuanto descienden, la oruga se metamorfosea en crisálida. En una mariposa adulta, la hormona juvenil controla los comportamientos de apareamiento y puesta de huevos. Por ejemplo, los comportamientos reproductivos de la mariposa loba, *Maniola jurtina*, que se describen en la página siguiente, y de la mariposa monarca, *Danaus plexippus*, están regulados por esta hormona.

REGALOS NUPCIALES Y APAREAMIENTO

Los experimentos con la blanca verdinervada (*Pieris napi*) demuestran que las hembras pueden ser «promiscuas» a propósito, ya que obtienen valiosos nutrientes de cada acoplamiento, incluidos los de los futuros huevos. Los machos transfieren entre el 15 y el 23 por ciento de su masa corporal a las hembras durante el apareamiento, y después necesitan recargar su potencial de apareamiento alimentándose y mediante el encharcamiento (obteniendo nutrientes de superficies húmedas, como las orillas de los ríos). Una hembra puede aparearse hasta cinco veces para maximizar el tamaño de los huevos y la fecundidad.

UNA CABEZA FRÍA EN EL CALUROSO VERANO

Durante los calurosos veranos italianos, los machos de la mariposa loba (*Maniola jurtina*) salen de sus crisálidas unos días antes que las hembras. Ambos sexos pueden aparearse en uno o dos días. Después, las hembras entran en diapausa reproductiva para evitar el calor del verano (no hay alimento fresco disponible para sus orugas). Así, se esconden hasta los meses otoñales, más frescos y húmedos, y solo entonces forman y ponen sus huevos para proporcionar a sus crías las condiciones más favorables.

↓ Genitales masculinos: (A) tegumen, (B) ano, (C) valva, (D) pene, (E) conducto eyaculador, (F) tubo anal. Los genitales son una estructura en forma de anillo (el tegumen es su parte dorsal) a la que están unidas las partes móviles.

↘ (Genitales femeninos: (A) ovario, (B) tubo anal, (C) oviducto, (D) espermateca, (E) glándula accesoria, (F) vagina, (G) bolsa seminal, (H) bolsa copulatrix (almacena los espermatóforos).

→ *Ornithoptera euphorion* (Australia). Se sabe que los machos de esta especie permanecen con las hembras durante todo el día después del apareamiento para ahuyentar a sus competidores.

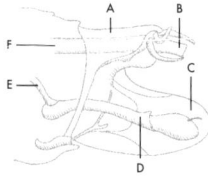

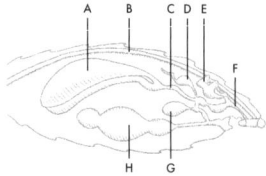

FORMACIÓN DE ESPERMA Y HUEVOS

Las mariposas hembra rara vez viven mucho tiempo tras la puesta, por lo que su sistema reproductor está preparado para aprovechar el momento. Algunas mariposas tienen la mayor parte de los huevos formados y listos para poner en cuanto salen de la fase de pupa, mientras que otras continúan formándolos durante un período de tiempo más largo. Los huevos se forman a partir de células germinales y, al pasar por uno de los cuatro tubos ováricos, reciben nutrientes y un revestimiento exterior llamado «corion».

ALMACENAMIENTO DEL ESPERMA

La mayoría de las mariposas producen huevos de forma gradual y los ponen de uno en uno o en pequeñas tandas durante un período de dos a tres semanas. Para poder fecundar los huevos, la hembra necesita un modo de almacenar el esperma del macho como parte de un paquete llamado «espermatóforo», que también contiene nutrientes. Los espermatóforos se almacenan en la bolsa copuladora de la hembra, donde se pueden descomponer y emplearse en función de las necesidades. Los científicos pueden saber cuántas veces se ha apareado la hembra contando el número de espermatóforos en la bolsa copuladora de un ejemplar muerto.

DOS TIPOS DE ESPERMA

Existen dos tipos de esperma producido por el macho: el eupireno, que transporta material genético en su núcleo, y el apireno, que no tiene núcleo. La función del segundo tipo sigue siendo objeto de debate más de un siglo después de su descubrimiento. El esperma apireno migra primero a la espermateca, posiblemente para indicar a la hembra que ya no necesita buscar pareja, sino poner huevos. También hay indicios de que este esperma podría desempeñar un papel en la competencia espermática entre machos rivales al superar al esperma de los competidores de cualquier acoplamiento anterior.

FECUNDACIÓN Y PUESTA DE HUEVOS

Una vez descompuesto el espermatóforo, el esperma pasa a otro saco mucho más pequeño llamado espermateca. Desde ahí, los espermatozoides son transportados por un conducto hasta la vagina y fecundan los óvulos. El espermatozoide entra a través de una abertura (micrópilo), tras lo cual la membrana del huevo normalmente bloquea la fecundación posterior. En el proceso de puesta, los huevos están encerrados en un corion resistente y se adhieren a una hoja o rama con secreciones pegajosas de la glándula coleterial. Los experimentos con una ninfálida, *Bicyclus anynana*, demostraron que a temperaturas más bajas se ponen huevos más grandes (pero en menor cantidad), lo que proporciona a los embriones una mejor nutrición, pero da lugar a menos crías.

↑ La mariposa del mapa, *Araschnia levana*, pone los huevos en hileras en la parte inferior de las ortigas. De ese modo imita a las flores de su planta huésped y permite que las larvas se alimenten en grupos.

EVOLUCIÓN DEL COMPORTAMIENTO DIURNO

L as mariposas son conocidas por sus hábitos diurnos, y lo más frecuente es verlas volar a plena luz del día. Sin embargo, existe una gran variedad de comportamientos relacionados con la luz, desde mariposas que vuelan en la oscuridad del bosque, cerca del suelo, hasta especies que prefieren el crepúsculo. Las mariposas han desarrollado las correspondientes adaptaciones para esas conductas, como la capacidad de distinguir ciertos colores o de tener mejor visión nocturna.

EL BUFÉ DE FLORES

Las mariposas son polinizadoras, por lo que las flores adaptan su aspecto para resultar tan llamativas como sea posible para estas buscadoras de néctar. Las flores adaptadas a los polinizadores diurnos suelen ser grandes y coloridas, a menudo rojas o amarillas, mientras que las que atraen a las especies crepusculares son pequeñas y blancas. Muchas plantas han evolucionado para florecer y producir néctar en determinados intervalos de tiempo, así como para fabricar fragancias especiales, con el objetivo de atraer a determinadas mariposas que polinizarán y mejorarán el éxito reproductivo de esas plantas.

VISIÓN NOCTURNA FRENTE A VISIÓN EN COLOR

En general, el registro de un espectro más amplio de luz se produce a expensas de una buena visión en la oscuridad. Tanto las mariposas búho crepusculares (*Caligo*) como sus parientes diurnas, las morphos, se alimentan de fruta en fermentación en el suelo del bosque. Dado que las mariposas búho lo hacen al anochecer, con muy poca luz, sus ojos han desarrollado adaptaciones estructurales, como facetas agrandadas, que les permiten ver mejor en esas condiciones. Las morphos, por su parte, han conservado una mayor capacidad para distinguir los colores.

← Mariposa macaón (*Papilio machaon*). Además de los pigmentos visuales en los ojos llamados opsinas, responsables de la visión del color, otras proteínas polivalentes también intervienen en el procesamiento visual.

RECEPTORES Y OLORES

A menudo vemos mariposas hembra volando por un bosque o un prado en busca de una planta huésped adecuada en la que depositar sus huevos. En lugar de dirigirse directamente a la planta correcta, las mariposas se posan en numerosas plantas equivocadas a lo largo del camino, aunque esos aterrizajes temporales tienen un propósito: las patas cuentan con receptores gustativos, por lo que en realidad se trata de una forma rápida de evaluar a las candidatas.

¿QUÉ ESTIMULA LAS ANTENAS DE LAS MARIPOSAS?

Los científicos pueden estudiar la química de las interacciones entre insectos y plantas utilizando detectores de cromatografía de gases y electroantenografía (GC-EAD). Los volátiles o compuestos químicos se recogen de las plantas de interés y se pasan por un espectrómetro de masas que los separa según sus masas relativas y los expulsa a la antena, pata u otra parte del cuerpo de la mariposa. Estas se hallan conectadas a un electrodo que registra la señal eléctrica de las neuronas que «disparan» en respuesta a los compuestos que la mariposa puede detectar. Los numerosos compuestos vegetales a los que reacciona la mariposa se pueden reducir todavía más utilizando las bases de datos existentes.

↓ Los sentidos de las mariposas incluyen el olfato, del que son responsables principalmente las antenas (A), aunque los palpos (B) también están implicados.

La visión del color se consigue mediante ojos compuestos (C), y en la probóscide (D) hay numerosos receptores gustativos.

→ *Colotis amata*, un piérido de África y Asia, pone huevos en la hoja de un árbol cepillo de dientes (*Salvadora persica*). Todas las mariposas tienen receptores en las patas que ayudan a las hembras a identificar las plantas huésped correctas. Del mismo modo, una mariposa puede degustar la comida con las patas. Por ejemplo, si toca un jarabe azucarado con sus patas delanteras, la mariposa hambrienta desenrollará instintivamente la probóscide.

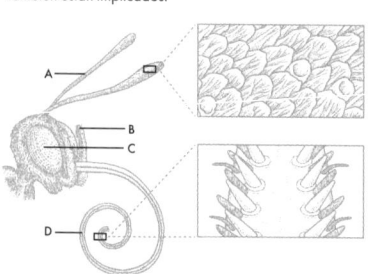

OJOS Y VISIÓN

El ojo de una mariposa está formado por numerosas facetas llamadas omatidios, que combinan muchas instantáneas individuales del entorno en una sola imagen mediante el procesamiento en el cerebro. Las mariposas pueden ver un espectro de luz más amplio que los humanos y cuentan con tres tipos de receptores especializados que registran la luz ultravioleta (300-400 nm), la luz azul visible (400-500 nm) y las longitudes de onda más largas en los regímenes visible e infrarrojo (por encima de 500 nm).

ESTRUCTURAS VISUALES ESPECÍFICAS DE LAS ESPECIES

Las estructuras visuales de las mariposas han evolucionado de manera distinta según las especies para adaptarse a sus necesidades y entornos específicos. Los ojos de aposición, en los que cada omatidio está bien protegido de la luz que entra en los contiguos mediante pigmentos que absorben la luz, son mejores para ver con luz brillante, mientras que los ojos de superposición están optimizados para ver en condiciones más tenues porque la luz se distribuye estratégicamente entre los omatidios adyacentes.

Muchas mariposas se sienten atraídas por las flores rojas y amarillas cuando buscan néctar. En las mariposas con patas de cepillo (Nymphalidae),

---

LA VISIÓN DE LAS ORUGAS

Las orugas utilizan la visión cuando se arrastran en busca de alimento y para detectar a los depredadores. Tienen seis pares de ojos (llamados stemmata) dispuestos en círculo a los lados de la cabeza. Sus ojos son mucho más sencillos que los de los adultos; cada stemma es una simple lente parecida a un solo omatidio. Sin embargo, estas estructuras sencillas pueden funcionar bastante bien, sobre todo si cada ojo desempeña una función diferente, como se demostró en un estudio sobre orugas procesionarias de dos destacadas especies de polillas: *Ochrogaster lunifer* y *Thaumetopoea pityocampa*.

EL CEREBRO DE LAS MARIPOSAS

El cerebro de las mariposas es diminuto pero complejo. Consta de varios lóbulos; los más grandes son los lóbulos visuales, que procesan la información recibida por los ojos. También hay lóbulos sensoriales que reciben información de las antenas y *corpora pendulanta* que favorecen el aprendizaje. El cuerpo central procesa la información espacial y el protocerebro lo integra todo. En el cerebro de las mariposas se han identificado más de 30 tipos de neuronas con distintas funciones y, por muy breve que sea la vida de las mariposas, sus cerebros han demostrado la capacidad de aprender e incluso de crecer significativamente de tamaño en las semanas o los meses que están en vuelo.

---

los pigmentos de cribado rojo pueden mejorar la sensibilidad al color rojo en algunos receptores. En algunas especies de mariposas, como la amarilla *Colias erate* (Pieridae), los machos ven mejor que las hembras en algunos rangos del espectro luminoso debido a la presencia de pigmentos diferentes en algunos de sus omatidios, que se cree que desempeñan un papel en la conducta de apareamiento.

OPSINAS NOTABLES

Después de atravesar la córnea, la luz es enfocada por el cristalino hacia el rabdomio, donde los pigmentos sensibles al color (cromóforos unidos a grupos de proteínas llamados opsinas) se sitúan dentro de las células fotorreceptoras. Los omatidios pueden diferir entre sí en su capacidad para detectar distintos colores dentro del mismo ojo, y dentro de un omatidio puede haber células individuales que solo sean sensibles a una gama muy limitada de longitudes de onda. La monarca *Danaus plexippus*, por ejemplo, posee algunas células que solo procesan la información de la luz ultravioleta polarizada, lo que resulta importante para la navegación (*véase* página 102). Mediante la duplicación de ciertos genes que codifican opsinas, la mariposa atala (*Eumaeus atala*) se ha adaptado para ver mejor los colores rojos, lo que quizá sea un rasgo importante para localizar parejas y flores, evitando al mismo tiempo las plantas huésped que ya están ocupadas con orugas atala (también rojas).

OÍDOS EN LAS ALAS

En la superficie ventral de la base del ala anterior de muchas mariposas ninfálidas, enterrada bajo las escamas, se encuentra una estructura auditiva especializada denominada órgano de Vogel. Aunque se describió por primera vez hace más de 100 años, su función se ha comprobado en experimentos de laboratorio con solo unas cuantas especies. En la ninfa de bosque común (*Cercyonis pegala*), la vena agrandada del ala anterior también sirve como parte de un órgano auditivo, y es posible que esa adaptación se halle muy extendida entre las mariposas.

DIFERENTES DEPREDADORES, DISTINTOS OÍDOS

Cuando se comparan las frecuencias de sonido a las que responden las mariposas y las pollillas, parece que escuchan a depredadores distintos. La sintonía de las pollillas con las señales ultrasónicas de alta frecuencia de los murciélagos está muy documentada. *Manataria maculata*, un satírido neotropical crepuscular de manchas blancas, también puede detectar sonidos de alta frecuencia, tal vez en busca de murciélagos, pero la mayoría de las mariposas diurnas oyen en un rango mucho más bajo, muy probablemente en sintonía con depredadores diurnos como las aves.

→ El órgano de Vogel de la morpho azul andina (*Morpho peleides*), está inervado por nervios (A) que conducen a los mecanorreceptores (B), cubiertos por la membrana timpánica (C).

Este órgano es más sensible a las frecuencias bajas, a un nivel de ruido de 58 dB (como el sonido de un frigorífico); así, a diferencia de las pollillas, no suele utilizarse para detectar ultrasonidos.

→ La ninfa de bosque común, (*Cercyonis pegala*), cuenta con una vena costera hueca en el ala anterior que sirve como amplificador de los sonidos de baja frecuencia. En la base del ala anterior hay un oído timpánico que sufre una pérdida de sensibilidad si se elimina la vena.

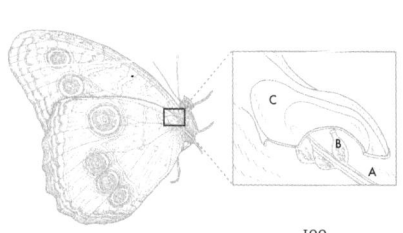

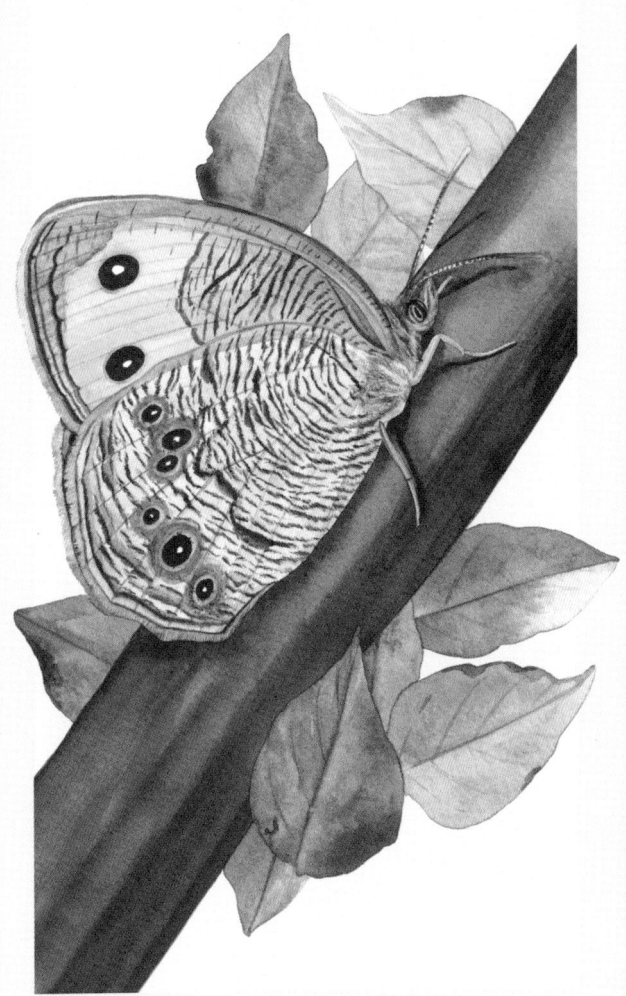

ORIENTACIÓN Y MIGRACIÓN

Muchas mariposas migran con las estaciones. La vanesa de los cardos (*Vanessa cardui*), puebla el hemisferio norte hasta el círculo polar ártico durante el verano y después migra de vuelta a sus lugares de cría en otoño. De todas las mariposas migratorias, la monarca (*Danaus plexippus*) es la que más atención suscita por su espectacular migración otoñal. Estas mariposas de gran tamaño y colores vivos se pueden observar, a veces en gran número, en su llegada a México desde Canadá.

NAVEGACIÓN

Las monarcas vuelan a México desde la parte oriental de Norteamérica o a lugares de descanso en la costa del Pacífico de Estados Unidos cuando se reproducen al oeste de las Rocosas. También migran desde la costa australiana a lugares cercanos a Sídney y Adelaida. En su largo viaje a México, son capaces de calcular visualmente el ángulo del sol detectando la luz solar polarizada, en especial en el espectro ultravioleta, mientras su reloj circadiano sigue la duración del día. Incluso cuando está nublado, son capaces de orientarse gracias a una brújula de refuerzo situada en sus antenas que se basa en el campo magnético de la Tierra.

LA BASE GENÉTICA DE LA MIGRACIÓN

En la época en que maduran las orugas de las mariposas monarca migratorias, las horas de luz se acortan, lo que desencadena la expresión de los genes responsables de la migración. Las monarcas resultantes tienen alas con diferentes formas y metabolismos distintos. Nacen en diapausa reproductiva y, por tanto, en lugar de aparearse se alimentan y vuelan hacia el sur, acumulando grasa que será crucial para sobrevivir al invierno. En el genoma de la monarca se han identificado más de 16 000 genes que codifican proteínas, de los cuales más de 100 difieren entre las mariposas migratorias y las no migratorias.

LLEGAR JUNTAS

En otoño, las monarcas vuelan hacia el sur y el sudoeste para llegar a México a principios de noviembre, mientras que las llegadas tardías se producen en diciembre. Después de marcar y liberar a ejemplares de mariposas monarca, los científicos descubrieron que se mueven manteniendo constante el ángulo del sol al mediodía solar (alrededor de 57°). En el trayecto, las monarcas forman dormideros temporales y deciden volar o no en función del clima; así, el viaje de cada individuo es único. En este sentido, su migración es completamente diferente a la de las aves, que se basan en el comportamiento social para permanecer juntas.

DE VUELTA AL NORTE

A medida que los días se hacen más largos y cálidos, entre febrero y marzo, las mariposas monarca de las colonias de hibernación mexicanas empiezan a aparearse y a volar hacia el norte (*véase* también capítulo 7, página 88). Cuando encuentran brotes de algodoncillo, empiezan a poner huevos y las dos generaciones siguientes continúan el proceso de repoblación del continente norteamericano mientras explotan los recursos del algodoncillo. Este comportamiento permite que las mariposas tropicales, incapaces de soportar la crudeza de los inviernos septentrionales, continúen aprovechando las abundantes zonas de reproducción de esos climas.

ESTUDIAR LA MIGRACIÓN

Gran parte de lo que sabemos sobre la navegación y el mecanismo genético de la migración de los insectos se debe a la investigación sobre las mariposas monarca. Entre las técnicas empleadas a lo largo de los años para entender mejor la migración figuran los programas de marcado y recaptura en los que se colocan etiquetas identificativas en las alas; simuladores de vuelo, en los que se suspende a una mariposa en una cámara de observación; transporte y liberación de mariposas, y estudio de su comportamiento posterior, y secuenciación y manipulación de genomas y otras alteraciones de ejemplares individuales. Incluso se ha cartografiado el cerebro de las monarcas para documentar las complejidades de su estructura y su funcionamiento.

↓ En las colonias de monarcas que pasan el invierno en México, antes de que empiecen a dispersarse, los machos persiguen a las hembras y las placan en el suelo intentando aparearse.

VUELO Y POSADO

Aunque su vuelo pueda parecer elegante y controlado, las mariposas solo tienen un control indirecto de sus alas. Cuando los músculos del tórax se contraen, el impulso resultante produce varios aleteos. El punto de unión de las alas al tórax, donde se encuentran esos músculos, cuenta con numerosos escleritos, que se asemejan a los huesos de nuestras muñecas en cuanto a complejidad y número. De la base del ala irradian numerosas venas ramificadas que le confieren fuerza y flexibilidad. Las venas del ala contienen tráquea y hemolinfa, y están dotadas de órganos sensoriales.

ALAS DE DIVERSAS FORMAS Y TAMAÑOS

La variedad de formas de las alas y cuerpos significa diferentes capacidades y hábitos de vuelo en las mariposas. Algunos miembros de la familia de las colas de golondrina (Papilionidae), como las mariposas alas de pájaro, tienen alas delanteras grandes y triangulares y pequeñas alas traseras, y se impulsan a gran velocidad por el aire utilizando los potentes músculos de vuelo de su largo y ancho tórax. En este sentido, los hespéridos (Hesperiidae) parecen mariposas alas de pájaro en miniatura, pero tal vez debido a su pequeño tamaño no pueden planear. En su lugar, se dejan caer después de cada golpe de ala. Su pequeño tamaño y su potente musculatura les permiten reaccionar más rápidamente que cualquier otra mariposa ante una amenaza cuando están en reposo.

En cambio, la mariposa cometa de papel (*Idea leuconoe*) y las alas largas del género *Heliconius* (ambas de la familia Nymphalidae) poseen un tórax más o menos pequeño y corto que indica una musculatura de vuelo más débil, pero unas alas largas y ovaladas que les permiten planear sin esfuerzo sobre las flores. Les preocupa menos escapar de los depredadores porque son tóxicas, por lo que «educan» a las aves en lugar de evitarlas ofreciéndoles desagradables experiencias gustativas para que las recuerden junto con el dibujo de sus alas.

COMPORTAMIENTOS DE VUELO

A menudo se puede ver a las mariposas tomando el sol en los días fríos, abriendo y cerrando las alas perezosamente. Se calientan con rapidez con

los rayos del sol, pero cuando emprenden el vuelo, el aire frío las enfría rápidamente, por lo que deben aterrizar de nuevo para repetir el ejercicio con frecuencia. Los machos de muchas especies se posan en la parte superior de las hojas y van dando vueltas alrededor de su parcela en busca de hembras. Pueden desplazarse a las cimas de las colinas o a las copas de los árboles altos, donde se agrupan y participan en lo que parece ser un concurso de vuelo, dando vueltas alrededor del punto de encuentro y entre sí. Este comportamiento de agrupación de los machos (llamado *lekking*) sirve para atraer a las hembras que no se han apareado, lo que agiliza el acoplamiento y facilita la elección de pareja.

↑ *Telegonus tsongae,* un hespérido tropical que se encuentra tan al norte como Texas. Es una de las numerosas especies de hespéridos con patrones de color similares, que forman complejos de mimetismo de escape en los trópicos. Los hespéridos también poseen potentes músculos de vuelo alojados en su amplio tórax, lo que les permite volar con rapidez.

FORMAS Y COLORES

Cada mariposa utiliza la superficie de sus alas para numerosos fines: desde la termorregulación hasta el camuflaje, ahuyentar a los depredadores, escapar de su atención, atraer a posibles parejas o repeler a los rivales. Todas estas funciones determinan el aspecto de cada mariposa, de modo que no existen dos ejemplares con alas idénticas, del mismo modo que no hay dos manos humanas exactamente iguales.

FENOTIPOS FRENTE A GENOTIPOS

¿Cómo se correlaciona la variabilidad de los patrones alares con las diferencias entre especies? ¿Cómo podemos distinguir entre variación intraespecífica (dentro de una misma especie) e interespecífica? El aspecto físico de un espécimen se denomina «fenotipo», y puede recibir la influencia tanto de factores genéticos como ambientales. La información genética de un espécimen, codificada en el ADN, constituye su «genotipo».

Debido a la interacción de factores genéticos y ambientales, no está garantizado que dos individuos de aspecto muy distinto muestren diferencias proporcionales (o incluso significativas) en su ADN. Así, incluso con puntos de partida genéticos idénticos, los resultados físicos pueden ser muy diferentes, como ilustran las formas estacionales de las mariposas (*véase* capítulo 1, página 16).

← Una mariposa monarca (*Danaus plexippus*), con un patrón alar normal frente a otra afectada por una mutación que impide la formación de las venas alares. Esta anomalía rara y fatal demuestra cómo influyen las venas en el desarrollo del patrón alar.

→ Los cambios en el patrón de la parte inferior del ala de la mariposa espejitos (*Dione vanillae*), los lograron de manera experimental los investigadores mediante la tecnología CRISPR-Cas9 (CRE significa elemento cis-regulador; un cambio similar, mostrado aquí, puede conseguirse mediante la inyección de heparina poco después de la pupación). En el recuadro de la página 111 se indican los atributos de genes específicos.

Patrón normal

Inactivación con heparina
y CRE (WntA)

Inactivación de optix

Inactivación de WntA

PATRONES ALARES
DE LOS NINFÁLIDOS

A pesar de su asombrosa variedad, existen motivos recurrentes en los patrones alares de las mariposas que sugieren un patrón organizativo subyacente aplicable a todas las especies, géneros e incluso familias. Tradicionalmente, las familias de mariposas y polillas (más de 120 en el orden *Lepidoptera*) se han definido en parte por similitudes en la estructura de las venas alares; estas variaciones son pequeñas, pero a menudo bastan para distinguir grupos taxonómicos más grandes.

Por lo general, las venas alares también desempeñan un papel importante en la formación de los patrones de color. Han existido varios intentos de proponer un «plano» en el que cada elemento del patrón se atribuye a uno u otro sistema de simetría de evolución independiente.

VARIACIONES SOBRE UN TEMA

La familia de los ninfálidos, con sus más de 6000 especies (*véase* capítulo 4, páginas 52-57), nos ha proporcionado los mejores modelos para estudiar los patrones alares de las mariposas por los patrones detallados y regulares presentes en la parte inferior de las alas de numerosas especies, como los ejemplares del género *Junonia* o los satíridos (subfamilia Satyrinae). Estos dibujos presentan en muchos casos ocelos concéntricos y bandas paralelas distribuidas por el ala desde el margen hasta la base. El primer plano de la familia de los ninfálidos fue propuesto por Boris Schwanwitsch (1889-1957) hace un siglo, y ha continuado sirviendo de base sobre la que se han construido hipótesis posteriores y se han contrastado experimentos.

ENSEÑANZA A PARTIR DE LA ANOMALÍA

Los naturalistas saben desde hace al menos un siglo que someter a una crisálida a temperaturas extremas puede producir anomalías en el patrón de las alas. Se puede entrever la plasticidad y la heredabilidad de los elementos del patrón alar a través de tales manipulaciones ambientales, así como mediante los experimentos clásicos de reproducción genética.

Las mutaciones pueden arrojar luz sobre aspectos fascinantes de la fisiología y el desarrollo del patrón alar en las mariposas. Existe un tipo de mutación en las mariposas que hace que salgan de la crisálida sin venas en

SISTEMAS DE SIMETRÍA

El plano clásico de los ninfálidos se organiza en cinco sistemas de simetría. Las zonas que suelen ser de color oscuro próximas a los puntos de fijación de las alas se denominan sistema de bandas de la raíz de las alas (WRB, por sus siglas en inglés) y sistema de simetría basal (BaSS). El sistema de bandas marginales (MBS) suele presentarse como una serie de líneas finas, mientras que el sistema de simetría del borde (BoSS) muestra una serie de ocelos situados entre las venas.

Hacia la mitad del ala, el sistema de simetría central (CSS) se solapa con el sistema de simetría discal o punto discal (DS), donde las venas forman un bucle cerrado. Allí, la vena cruzada entre las venas radiales permite que la hemolinfa circule a través y fuera del ala. Esta zona es importante para la termorregulación y la circulación del ala, por lo que las escamas alares de esta región desempeñan importantes funciones fisiológicas, además de la señalización.

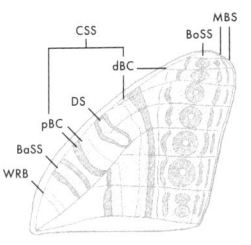

→ Plano de ninfálido.
WRB (banda de la raíz de las alas), DS (punto discal). Sistemas de simetría: BaSS (basal), CSS (central: pBC y dBC, sus bandas proximal y distal), BoSS (borde) y MBS (banda marginal).

las alas. Cuando esto ocurre en las monarcas y las colas de golondrina, se produce un efecto correspondiente en su patrón de color: las manchas individuales que se encuentran entre las venas del ala se funden en líneas continuas (*véase* página 106). Esto sugiere que las manchas no se forman independientemente unas de otras, sino que están ligadas de alguna manera a la estructura de las venas del ala. Sin embargo, en el caso de *Bicyclus anynana*, otras mutaciones afectan a los ocelos individuales, por lo que existe una compleja interacción entre los genes que determinan la disposición de los sistemas de simetría y los que controlan la forma, el tamaño y los colores de los elementos a nivel local.

MANIPULAR EL COLOR

Estamos empezando a comprender los mecanismos generales de la regulación del patrón alar gracias a la investigación en el campo de la biología evolutiva del desarrollo (conocida como *evo-devo*). En los organismos biológicos, los genes se traducen en características externas a través de una cascada de acontecimientos, como la síntesis de ARN y proteínas, y se pueden activar y desactivar mediante procesos epigenéticos en los que proteínas especiales se unen a regiones reguladoras del ADN y controlan así la expresión génica. La accesibilidad de esos sitios del ADN está regulada por varios procesos, como la transcripción de microARN, la metilación y la modificación de las histonas.

GENES DEL PATRÓN ALAR

Hay varios genes implicados en la determinación de los puntos donde aparecerán las manchas y las líneas en el ala, y de qué color será el fondo. Tradicionalmente, los estudios genéticos se basaban en la cría cuidadosa de linajes normales y mutantes en el laboratorio, y el posterior análisis de fenotipos y genotipos mediante técnicas moleculares y matemáticas.

Los avances actuales, como la tecnología CRISPR-Cas9, permiten a los investigadores sondear lo que hacen genes específicos y sus elementos reguladores «silenciándolos» (localizando y extirpando pequeñas regiones de ADN). Por ejemplo, al silenciar elementos reguladores en varias especies de mariposas ninfálidas muy diferentes, recientemente se descubrió que especies separadas por más de 50 millones de años de historia evolutiva, como las mariposas de ala larga (*Heliconius*) y la vanesa de los cardos (*Vanessa cardui*), tienen mecanismos genéticos similares para controlar la formación del patrón alar, mientras que la monarca (*Danaus plexippus*) ha divergido mucho.

PATRÓN DE OTRAS FAMILIAS

Existe una pregunta de seguimiento lógica: ¿cómo puede describir el plano ninfálido (*véase* página 109), definido por el estudio de una sola familia de mariposas, la enorme diversidad de patrones alares de mariposas y polillas? Aunque resulta tentador elaborar teorías basadas en el estudio de especies «modelo», los avances en este campo se beneficiarán del estudio de numerosas especies con la ayuda de las técnicas de laboratorio descritas, sirviendo el marco ninfálido como punto de referencia útil. En este momento no existen «planos» universalmente aceptados para otras familias, pero es un área activa de investigación.

← Primer plano del ala de una vanesa de los cardos. La cubierta de escamas dio nombre al orden *Lepidoptera* (*lepis* significa «escama» en griego).

PIGMENTOS Y COLOR ESTRUCTURAL

Los espectaculares colores que ayudan a las mariposas a hacer una entrada triunfal allá donde van son el resultado de diminutas escamas dispuestas sobre las alas. Las escamas de las alas (*véase* página 110) son estructuras quitinosas cubiertas de crestas y surcos. Cada una de ellas deriva de una única célula y está rodeada por células de soporte en el ala en desarrollo.

DIVERSIFICACIÓN DE LOS PIGMENTOS

Las moléculas pigmentarias crean colores absorbiendo la mayoría de las longitudes de onda de la luz y reflejando una pequeña gama que percibimos como color. Así, las melaninas se manifiestan como colores rojos, marrones y negros; las pterinas, los omocromos y los carotenoides aparecen amarillos o anaranjados. Estos pigmentos pueden evolucionar rápidamente para ayudar a la supervivencia. Por ejemplo, la mariposa palmera común (*Elymnias hypermestra*) es apetitosa, pero sus omocromos amarillos se han diversificado para imitar a las mariposas tóxicas del algodoncillo de la tribu Danaini (*véanse* capítulo 4, página 52, y capítulo 6, página 81).

MARIPOSAS INVISIBLES

Algunas mariposas carecen de escamas en las alas en una muestra de la arquitectura de alas desnudas que se encuentra en otros insectos. Las alas transparentes y no reflectantes pueden ser ventajosas para escapar de la atención no deseada, como en la mariposa alas de cristal (*Greta diaphanus*) y la mariposa sátira de cristal (*Dulcedo polita*). Las investigaciones sobre la mariposa cristal (ahora clasificada como subespecie, *Greta morgane oto*) descubrieron que esas alas están cubiertas de nanopilares quitinosos irregulares que disipan la luz, y los investigadores han usado la nanotecnología para recrear estructuras artificiales con una función similar.

↑ Mariposa cristal,
(*Greta morgane oto*).
La transparencia no
reflectante de las alas
de esta mariposa se ha
estudiado a fondo.

COLORES IRIDISCENTES

Con frecuencia, el color aparente del ala de una mariposa puede cambiar según el ángulo desde el que se mire. La iridiscencia en las mariposas no se debe a pigmentos, sino a nanoestructuras en las escamas de las alas que están en el orden de la longitud de onda de la luz entrante. Las escamas nanoestructuradas de las alas resultan biológicamente «más económicas» que la producción de pigmentos, y pueden evolucionar con rápidez bajo presión selectiva. Por ejemplo, un ligero cambio en la ultraestructura de las escamas puede cambiar el color del ala de azul a verde. Y cuando los científicos seleccionaron de manera artificial la iridiscencia en poblaciones de mariposas en cautividad, ¡solo hicieron falta unas pocas generaciones para producir un número significativamente mayor de mariposas iridiscentes!

PATRONES ULTRAVIOLETA

Algunas superficies de las alas de las mariposas reflejan la luz ultravioleta (longitudes de onda inferiores a 400 nm), por lo que pueden parecer muy diferentes si las miran otras mariposas o pájaros. Los humanos solo podemos detectar los motivos UV utilizando instrumentos especiales, como espectrómetros, o colocando lentes UV en las cámaras.

ENCONTRAR UNA PAREJA COMPATIBLE

Para producir una descendencia fértil, una mariposa hembra debe elegir a una de su misma especie, por lo que sutiles señales visuales, como los patrones UV en las alas, podrían haber evolucionado para ayudar a la mariposa hembra a invertir bien su tiempo. En dos especies coexistentes de mariposas sulfúreas (*Colias*), la ultraestructura de cada escama está modificada en una de las especies, de modo que los rayos UV se reflejan en sus alas. Desde el punto de vista genético, la única diferencia es una modificación en una región reguladora del ADN responsable de suprimir la expresión de *bric à brac* (bab), un gen que, según se ha demostrado en la mosca de la fruta, controla la plasticidad térmica de la pigmentación.

↓ Las escamas reflectantes de la luz ultravioleta en las alas de la mariposa azufre naranja (*Colias eurytheme*, fotografiada bajo luz ultravioleta con una lente UV especial) hacen que el insecto parezca más brillante que la mariposa azufre nublada (*C. philodice*), que carece de escamas que reflejen la luz UV. Para las mariposas, la luz ultravioleta no es más que otro color que, en este caso, ayuda a las parejas potenciales a diferenciar las especies.

→ Dos especies de *Colia*, la azufre naranja (superior) y la azufre nublada, coexisten en todo Estados Unidos. Las diferencias de coloración entre estas mariposas, incluidas las escamas que reflejan la luz UV en la naranja, ayudan a las mariposas a elegir bien a sus parejas. El conocimiento por parte de los científicos de la regulación genética detrás de los patrones alares vinculados a la UV es muy reciente.

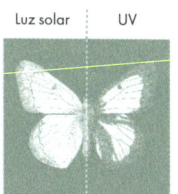

Luz solar | UV

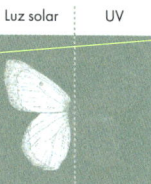

Luz solar | UV

PATRONES COMO DEFENSA

Las mariposas de la misma especie no son los únicos animales que se guían por los patrones de las alas. Algunos depredadores, como las aves, se basan en el aspecto de una mariposa para decidir si la persiguen o no. Como resultado, una de las principales fuerzas que impulsan la evolución de la diversidad y los colores brillantes en las mariposas es la presión de la depredación.

A VISTA DE PÁJARO

Las aves, que poseen una diversidad considerable, lo ven todo. Viven en todos los hábitats y pueden cazar mariposas tanto en reposo como en vuelo. También pueden aprender rápidamente y migrar a largas distancias.

Para convertirse en diurnas, las mariposas tuvieron que adaptarse al desafío que suponían las aves, y lo hicieron desarrollando una coloración tanto críptica como aposemática (de advertencia) en orugas y adultos. Los estudios con mariposas *Adelpha* de coloración uniforme (conocidas colectivamente como «hermanas») demostraron que las aves pueden aprender a evitar coloraciones específicas, no solo de las mariposas tóxicas, sino también de las más rápidas que les cuesta atrapar.

MIMETISMO LIMITADO AL SEXO

En muchas especies, como el mormón común asiático (*Papilio polytes*) y la cola de golondrina africana (*P. dardanus*), la hembra puede mimetizarse con una mariposa tóxica, mientras que el macho no, y presenta un patrón alar completamente distinto. ¿Cómo es posible que dos mariposas que comparten casi todas sus instrucciones genéticas acaben pareciendo del todo distintas? Según parece, los genes que determinan el sexo intervienen en algún momento en la formación de los patrones alares. Los estudios apuntan a que un único gen (*doublesex*) se activa y se desactiva para dirigir el desarrollo de patrones alares diferentes para cada sexo.

CRÍPTICO ESTACIONAL

Durante la estación húmeda, *Melanitis leda*, que tiene ocelos muy prominentes, se muestra reproductivamente activa y con frecuencia está en vuelo apareándose y poniendo huevos. Los experimentos han demostrado que las mantis depredadoras se fijan de manera selectiva en esos ocelos, mientras que las marcas de pico suelen estar presentes en las alas de la mariposa en la naturaleza. En cambio, la generación de la estación seca es mucho menos activa. Ante la ausencia casi total de ocelos, la mariposa confía más en el camuflaje que en el despiste para su seguridad.

↑ *Melanitis leda*, de Sudáfrica, en su forma de estación húmeda (extremo superior) frente a la de estación seca. Esta especie se halla muy extendida en los trópicos del Viejo Mundo y puede ser una plaga menor en los cultivos de arroz.

SEÑALES DE ADVERTENCIA

Los patrones de colores brillantes se denominan «aposemáticos» cuando están destinados a ser mostrados a los depredadores y están asociados a un sabor desagradable. Esas mariposas vuelan despacio y descansan abiertamente, sin contar con una huida rápida, sino más bien con «educar» a los depredadores. Si un pájaro ingenuo prueba una de estas mariposas de colores brillantes y recibe un amargo bocado, lo más probable es que evite a sus congéneres el resto de su vida. Grandes ejemplos de este tipo de patrones son las alas largas (género *Heliconius*) y las mariposas cola de golondrina azul (*Battus philenor*).

MIMETISMO BATESIANO FRENTE A MÜLLERIANO

Dos o más especies desagradables pueden combinar sus esfuerzos para educar a los depredadores compartiendo un patrón de color, como describió por primera vez Fritz Müller a finales del siglo XIX. En ocasiones, estos complejos de mimetismo están formados por especies que se parecen más o menos entre sí. Las mariposas Ithomiini se defienden gracias a los compuestos alcaloides que absorben con el néctar de ciertas flores. Las Ithomiini y las Arctiinae con patrones de color similares son co-miméticas de Müller. Por el contrario, varias mariposas de coloración similar pero comestibles, como las marcas de metal (Riodinidae) y los piéridos (Pieridae), son sus imitadoras batesianas (*véase* capítulo 4, página 46).

IMPACTO HUMANO

El florecimiento de la civilización humana en todo el planeta ha provocado profundos cambios en los ecosistemas. Junto con la evolución de las condiciones climáticas, la expansión de las comunidades humanas y el mayor uso de la tierra han participado en importantes transformaciones en los paisajes que habitan las mariposas.

ADAPTAR EL ENTORNO A NUESTRAS NECESIDADES

Durante muchas generaciones, las tribus nativas americanas utilizaron el fuego como herramienta para transformar su entorno, desbrozando la tierra para atraer a los animales de pastoreo que podían cazar y para promover el crecimiento de las plantas deseables. Cuando la agricultura se impuso, primero en Anatolia y después en Europa, y los grupos nómadas establecieron asentamientos más permanentes, desbrozaron la tierra para cultivar cereales y apacentar el ganado. Aunque las alteraciones del medio fueron relativamente localizadas, los huesos y otros restos hallados en los primeros asentamientos humanos sugieren que su expansión coincidió en muchos casos con la extinción de la fauna vertebrada. En cuanto a la extinción de mariposas y otros insectos, su observación es muy reciente.

UN RITMO EXPONENCIAL DE CAMBIO

Hace 7000 años, desde Mesopotamia hasta Egipto y Mesoamérica, los pueblos y las granjas circundantes empezaron a agruparse en ciudades, y la población humana comenzó a aumentar de manera constante a pesar de las guerras y las enfermedades. La Revolución Industrial dio el pistoletazo de salida a un período de innovación tecnológica y de mejora de la calidad de vida de la humanidad sin precedentes. Un impacto tan trascendental en el transcurso del desarrollo humano fue acompañado, inevitablemente, de un efecto tremendo para la biosfera.

Hoy, en muchas partes del mundo, solo quedan intactas pequeñas porciones de hábitats terrestres naturales, y la mayor parte de las tierras fértiles son utilizadas por las ciudades, la silvicultura o la agricultura. El uso extensivo de herbicidas y pesticidas, así como la dependencia de monocultivos de plantas no autóctonas, significa que cada vez son menos los lugares en los que pueden vivir los insectos (incluidas las mariposas).

TRANSFORMACIONES DE LOS HÁBITATS

Algunos hábitats que antes albergaban una rica biodiversidad están pasando a ser inadecuados para las plantas huésped de las mariposas. La desaparición de las cimas de las montañas glaciares puede convertir prados floridos en afloramientos rocosos xenófilos. La reducción de la cubierta forestal disminuye las precipitaciones globales, lo que acelera la desertización.

En ecosistemas tropicales protegidos en los que la cubierta forestal ha aumentado en los últimos años, como en el Área de Conservación de Guanacaste (Costa Rica), los científicos han observado un descenso en el número de insectos. La causa no está clara; tal vez se deba a la disminución de las precipitaciones y el aumento de las temperaturas. Como los insectos dependen de la aparición cíclica de brotes frescos en sus plantas huésped, cualquier cambio drástico en el calendario de lluvias puede afectar a su reproducción.

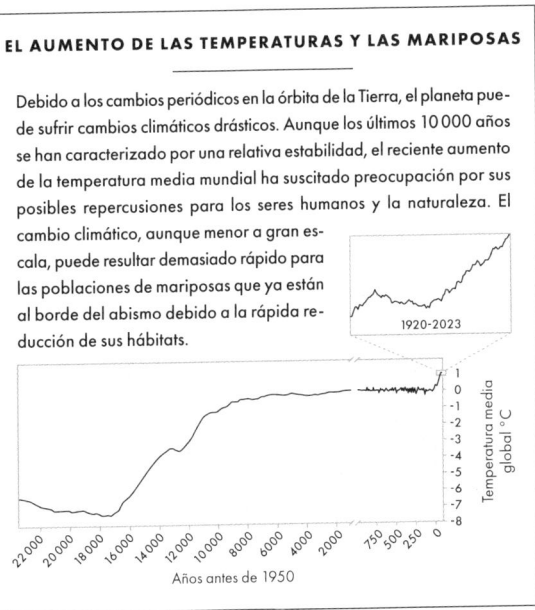

EL AUMENTO DE LAS TEMPERATURAS Y LAS MARIPOSAS

Debido a los cambios periódicos en la órbita de la Tierra, el planeta puede sufrir cambios climáticos drásticos. Aunque los últimos 10 000 años se han caracterizado por una relativa estabilidad, el reciente aumento de la temperatura media mundial ha suscitado preocupación por sus posibles repercusiones para los seres humanos y la naturaleza. El cambio climático, aunque menor a gran escala, puede resultar demasiado rápido para las poblaciones de mariposas que ya están al borde del abismo debido a la rápida reducción de sus hábitats.

1920-2023

Temperatura media global °C

1
0
-1
-2
-3
-4
-5
-6
-7
-8

22 000 20 000 18 000 16 000 14 000 12 000 10 000 8000 6000 4000 2000 750 500 250 0

Años antes de 1950

¿LA SEXTA EXTINCIÓN MASIVA O...?

L a era moderna, dominada por el ser humano, se ha descrito en ocasiones como la «sexta extinción masiva». De hecho, es imposible evaluar con exactitud cuántas especies de animales y plantas se han extinguido en el último siglo, por no decir que algunas han desaparecido antes de ser catalogadas o identificadas.

MARIPOSAS Y SALUD DEL HÁBITAT

Los entomólogos realizan estudios de biodiversidad atrapando a mariposas y polillas en un intento de controlar el declive de la abundancia de insectos y la riqueza de especies. Las mariposas representan un grupo ideal para este tipo de seguimiento, ya que pueden ser capturadas, marcadas, fotografiadas y liberadas. Así, las mariposas no solo se utilizan con frecuencia como especies emblemáticas de los movimientos conservacionistas, sino que también sirven como una valiosa herramienta para evaluar la biodiversidad y sus tendencias.

ESFUERZOS DE BASE

Los esfuerzos por registrar la diversidad de mariposas en Gran Bretaña están activos desde hace más de medio siglo, gracias a entusiastas locales. En los trópicos solo los científicos anotaban sus observaciones hasta hace poco. Esta información, disponible en artículos científicos, era inaccesible para la mayoría y tenía poca influencia en la conservación a nivel local o nacional. Ahora existen numerosos estudios sobre ecosistemas tropicales dirigidos por científicos locales que analizan los cambios en la diversidad regional de las mariposas. En el Parque Nacional Yasuní de Ecuador, los guardas del parque inspeccionan el hábitat en busca de mariposas para comprender la dinámica poblacional a largo plazo. Esta descentralización de la ciencia será fundamental para preservar los entornos locales en el futuro.

¿QUÉ FUTURO QUIERE?

Los debates sobre la conservación suelen ser difíciles, ya que la importancia de la vida natural y la biodiversidad depende en gran medida de los valores personales. ¿Tiene cada especie de mariposa un valor intrínseco? ¿Qué hay del valor estético o la satisfacción espiritual que se obtiene al estar en la naturaleza y observar mariposas? ¿Existe un valor práctico potencial para la humanidad en forma de compuestos aún por descubrir o diseños de ingeniería inspirados en la naturaleza y, de ser así, cómo sopesamos esto frente al valor derivado del uso de la tierra para la agricultura y la extracción de recursos?

Una forma de abordar estas preguntas consiste en reflexionar sobre el tipo de futuro que queremos para nosotros, para la humanidad y para la Tierra. Esperamos que este libro, con sus bellas ilustraciones y su exploración de la complejidad y la diversidad de un único orden del reino animal, pueda contribuir a una mayor apreciación de las mariposas y a los esfuerzos por conservarlas.

MARIPOSAS Y PESTICIDAS

Desde mi experiencia personal, cada vez que una furgoneta de control de mosquitos «fumiga» para combatir los mosquitos adultos de nuestro barrio, también mueren todas las mariposas y orugas. El efecto es inmediato y perturbador, ya que podemos ver que las mariposas que revoloteaban sin más en el aire acaban muriendo indefensas en el suelo. Estos pesticidas tienden a actuar indiscriminadamente sobre el sistema nervioso de los insectos, causándoles una muerte casi instantánea, y también pueden depositarse en el follaje a modo de residuos que matan a las orugas que se alimentan de él.

EL PRECIO DE UNA VIDA SIN MOSQUITOS

Hace años, uno de los autores visitó un hábitat costero en la República Dominicana y después otro similar en el sur de Florida. La diferencia entre los dos hábitats era sorprendente. Durante el día, en el primero abundaban las mariposas del género *Hamadryas*, hocicudas, alas de daga y *Eunica*, pero por la noche, en un restaurante al aire libre, se necesitaban pantalones largos y repelente para ahuyentar a los mosquitos. En Florida ocurría lo contrario: la total comodidad de una cena al aire libre sin mosquitos se conseguía al precio de un paraíso subtropical despojado de mariposas (y de muchos otros organismos).

↓ El mosquito *Aedes aegypti*, que se muestra en la imagen, puede transmitir el dengue y la fiebre amarilla. Sin embargo, en ausencia de enfermedad, la fumigación con adulticidas debería ser el último recurso porque altera el equilibrio natural de depredadores y presas en el ecosistema y reduce enormemente la biodiversidad, incluida la de las mariposas.

→ Mariposas de los hábitats costeros del Caribe. Desde superior: hocicuda haitiana (*Libytheana terena*), cola de puñal caribeña (*Marpesia eleuchea*) y satinada bella (*Eunica tatila*). Estas especies eran comunes y todavía persisten allí donde no se fumiga contra los mosquitos.

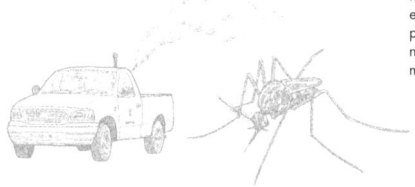

CAMBIOS EN LA FLORA Y LA FAUNA

Todos los barcos y aviones que cruzan el océano llevan consigo, además de mercancías y personas, microbios, semillas e insectos. Desde el inicio del comercio mundial, la flora y la fauna de la Tierra han cambiado drásticamente, sobre todo en los hábitats alterados y alrededor de los asentamientos humanos, donde pueden predominar las plantas alóctonas.

En ocasiones, las plantas alóctonas escapan a la naturaleza y se convierten en invasoras exóticas que se apoderan de hábitats enteros. A menudo, las especies de mariposas autóctonas pueden adaptarse a alimentarse de fuentes de néctar exóticas, pero a las orugas les resulta más complicada la adaptación a nuevas plantas huésped. Las plantas exóticas son inadecua-

DEPREDADORES IMPORTADOS INVOLUNTARIAMENTE

En las montañas de la República Dominicana, cerca de la cima del Pico Duarte, a una altitud de 3000 m, la volatinera falsa menor (*Anetia briarea*), una especie endémica de gran tamaño y belleza, se reúne en grandes dormideros durante el invierno. Los científicos han observado recientemente una intensa depredación de estas mariposas. Aunque algunas de estas bellezas tóxicas son atrapadas por las aves, la mayoría las sueltan sin heridas mortales. Es probable que lo que las está matando sea la rata negra invasora, que por fin ha llegado a esta parte de la isla tras arribar a La Española con Cristóbal Colón.

das para las especies autóctonas o actúan como una especie de «sumideros biológicos» donde las mariposas ponen huevos que nunca llegan a convertirse en adultos. Es el caso de algunas especies exóticas de pasionaria y de la mariposa cebra (*Heliconius charithonia*), en el sudeste de Estados Unidos. La jardinería con plantas autóctonas puede ayudar a mantener las poblaciones de mariposas, además de proporcionar la satisfacción de observarlas.

PSEUDOBOSQUES

En todo el mundo, desde Brasil hasta Nueva Guinea, se pueden observar densos «bosques» que atraen al naturalista desde la distancia. Sin embargo, si se observan más de cerca, uno se da cuenta de que se trata de eucaliptos, palmas aceiteras u otros monocultivos no autóctonos. Ahí se encontrarán muy pocas mariposas (aunque si crece algo de hierba en esas plantaciones, sí se puede hallar alguna que otra especie común, como de satíridos y hespéridos, a modo de consuelo). En hábitats más templados donde los árboles de hoja caduca han sido sustituidos por coníferas pueden darse situaciones similares.

← La mariposa cebra es una de las más comunes en los hábitats suburbanos del sudeste de Estados Unidos debido a la popularidad de su planta huésped, la pasionaria (*Passiflora*), entre los jardineros.

MARIPOSAS EN MONOCULTIVOS

Existen varias especies de mariposas que pueden sobrevivir y, en ocasiones, incluso prosperar en entornos de monocultivo (aunque las polillas son más conocidas, y no para bien, como plagas de cultivos comerciales).

¿QUIÉN SE HA COMIDO MI...?

Melanitis leda se puede reproducir en un arrozal y las blanquitas de la col pueden prosperar entre los cultivos de crucíferas. La cometa gigante (*Heraclides cresphontes*) y *Papilio demoleus* utilizan cítricos cultivados como plantas huésped. Las orugas de la cola de golondrina cebra (*Eurytides marcellus*) arrancan las hojas de los bananos de montaña.

En América Latina, los plátanos pueden favorecer las poblaciones de varias especies de mariposas búho de la tribu Brassolini. En la isla de La Española, las orugas de *Calisto pulchella*, un pequeño satírido marrón con manchas naranjas, se hacen un nicho raspando la superficie del tallo de la caña de azúcar oculto entre las vainas de las hojas circundantes. Es posible que en el jardín de su casa encuentre de vez en cuando el perejil, zanahorias o el eneldo repletos de orugas de la mariposa cometa negra y de la macaón (*Papilio polyxenes* y *P. machaon*).

↓ Oruga de *Calisto pulchella* alimentándose de caña de azúcar, introducida en La Española a finales del siglo XV.

↓ A las orugas y las mariposas búho adultas (*Caligo*) les encantan los plátanos, introducidos en Sudamérica en el siglo XVI.

→ *Papilio demoleus*, originaria de Australia y Nueva Guinea, se ha extendido por los trópicos, y en 2022 llegó a Florida. Se alimenta de cítricos, cultivados por primera vez por el ser humano hace 3500-5000 años en Australasia e introducidos en el Nuevo Mundo a finales del siglo XV.

CÓMO SE ADAPTAN LAS MARIPOSAS

Los insectos, incluidas las mariposas, tienden a adaptarse rápidamente a los cambios. Pueden sobrevivir en pequeñas parcelas de hábitat restante durante mucho tiempo y repoblar después hábitats disponibles en los que se ha producido la extinción de otras poblaciones.

HÁBITATS ALTERADOS FRENTE A NO ALTERADOS

En la década de 1960, un estudio plurianual de una localidad muy alterada cerca de Lagos (Nigeria), formada por campos, bordes de carreteras, bosques secundarios y plantaciones de cacao, documentó más de 300 especies de mariposas (la mitad de las que había en todo el país). Un estudio realizado en el Amazonas demostró que los bordes de los bosques y los bosques secundarios con una alteración intermedia presentan la mayor diversidad de mariposas.

Aunque pensemos que los hábitats primarios, como las selvas vírgenes, representan el verdadero paraíso natural, incluso en esos hábitats son los árboles caídos los que posibilitan la máxima variedad al permitir que la luz del sol llegue al suelo del bosque, además de proporcionar espacio y recursos para que crezcan nuevas plantas. La vegetación fresca de esas plantas y su diversidad atraen a las mariposas. Cuando los bosques se fragmentan o se produce una tala selectiva, tiene lugar un efecto similar: se crean más tipos de nichos para que habiten las distintas especies.

FENOLOGÍA DE LAS MARIPOSAS

A medida que aumente la temperatura media mundial, cambiarán la distribución y la fenología de numerosas especies de mariposas. En el hemisferio norte, esto significa que las especies de mariposas que se encuentran más al sur volarán antes y más al norte. Un estudio sobre más de 100 especies de mariposas en Corea ha demostrado los desplazamientos hacia el norte de muchas especies en los últimos 50 años. Aunque algunas especies se adaptarán ampliando su área de distribución, los científicos advierten de que muchas otras simplemente disminuirán debido a la falta de hábitats adecuados a los que expandirse a medida que vayan ascendiendo las temperaturas.

CAMBIO DE PLANTAS HUÉSPED

En ocasiones, las mariposas se benefician de la expansión humana cambiando sus plantas huésped por especies que nos gusta cultivar como alimento u ornamentales (véase página 126). En Nueva Guinea y sus alrededores, *Elymnias agondas* ha cambiado las palmeras autóctonas por las cultivadas, como las palmas aceiteras, lo que ha supuesto una enorme expansión. La yuyera (*Leptotes cassius*) se alimenta de plumbago, y la mariposa sedosa verde (*Callophrys grynneus*) hace lo propio con los enebros ornamentales; se trata de dos buenos ejemplos de la contribución de nuestras prácticas de cultivo al bienestar de las mariposas. La introducción del llantén europeo en América del Norte aumentó el número de la mariposa ojo de venado común (*Junonia coenia*), que se encuentra junto a las carreteras donde esta planta invasora llegó a ser muy común.

→ La yuyera pone sus huevos en plumbago blanco, nativo de hábitats costeros junto al golfo de México, pero también se alimenta de plantas de marihuana originarias de África.

COEXISTENCIA PACÍFICA

Los estudios sobre la biodiversidad realizados en Japón y Nueva Guinea han demostrado que las mariposas y la agricultura tradicional a pequeña escala son compatibles. Para las personas interesadas en la conservación de las mariposas, esto debería ser motivo de esperanza y servir de llamada a la acción. Además de crear parques nacionales, estatales y locales que sirvan de reservas para la fauna autóctona, sobre todo en hábitats especiales donde prosperan especies altamente endémicas, cada uno de nosotros se puede centrar en ajustar sus prácticas habituales de uso del suelo. Los pequeños cambios en nuestras comunidades pueden tener un gran impacto en las mariposas: plantar variedades beneficiosas para las polinizadoras entre los cultivos, dejar crecer las «malas hierbas» cuando sea posible y minimizar el uso de pesticidas y herbicidas, por ejemplo.

MITOS Y FOLCLORE

La espectacular transformación de una oruga terrestre en una mariposa ágil y ligera, junto con sus singulares comportamientos migratorios y los llamativos dibujos de sus alas, dan lugar a historias y mitos sobre la procedencia y el significado de estas criaturas etéreas.

LOS ESPÍRITUS DE LOS MUERTOS

En México, las celebraciones del Día de Muertos tienen lugar a principios de noviembre, justo cuando millones de mariposas monarca (*Danaus plexippus*) llegan por fin al punto final de su larga ruta migratoria. Para muchos habitantes de esas regiones, como los purépechas (un grupo indígena de Michoacán) y los mazahuas del Estado de México, estas mariposas representan las almas de los antepasados difuntos a los que se da la bienvenida a casa durante esos dos días.

En Chad y Senegal, la entrada de mariposas y polillas en una casa puede significar la visita de un antepasado, lo que induce a creer que no se debe hacer daño a esas criaturas. En la región africana del Sahel, los nombres de las mariposas suelen ser religiosos y se refieren a Dios o a líderes religiosos. Algunos grupos étnicos, como los bwa de Burkina Faso, interpretan los enjambres de mariposas como signos de aprobación divina que anuncian la llegada de la estación lluviosa.

GUERREROS MARIPOSA

En las culturas mesoamericanas, las mariposas tienen una inesperada connotación militar, y eran símbolos del fuego, los guerreros y el renacimiento. Los símbolos de mariposas forman parte de los murales y la cerámica de Teotihuacán (*véase* página 132). En Tula, capital de los toltecas entre 850 y 1150, hay cuatro imponentes figuras de guerreros atlantes con mariposas estilizadas en sus petos. Los aztecas, un pueblo notoriamente marcial, creían que las mariposas eran las almas de los guerreros muertos en combate.

Entre los rukai de Taiwán, el título de *lyalivarane* (que significa «mariposa») se concede a los más rápidos, lo que les da derecho a llevar el tocado de mariposa. En la tradición paiwan, la agilidad se recompensa con cuentas de mariposas cola de golondrina, y la destreza en el tejido da derecho a las mujeres a llevar vestidos con motivos de mariposas.

← Desfile del Día de Muertos, Ciudad de México. Los bailarines celebran la migración masiva de las mariposas monarca a la Sierra Madre Oriental desde el este de Estados Unidos y Canadá.

LAS MARIPOSAS EN EL ARTE

Debido a su omnipresencia en todo el mundo, las mariposas aparecen en obras de arte de numerosas culturas y épocas. En las artes visuales pueden simbolizar el alma, la resurrección, la transformación y la fragilidad, lo que permite a los artistas explorar temas como la relación del hombre con la naturaleza, el potencial humano y lo efímero de la vida.

ARTE NATIVO AMERICANO

Las mariposas aparecen con frecuencia en los petroglifos, la cerámica y la joyería de los nativos americanos del sudoeste de Norteamérica. Los diseños naturalistas de insectos, incluidas las mariposas, aparecen en la cerámica mimbres en blanco y negro producida por los pueblos que habitaron el valle del río Mimbres en Nuevo México y Arizona. Las pinturas secas, también conocidas como «pinturas de arena», son componentes importantes de los rituales ceremoniales navajos, y muchos insectos, como las mariposas, se incluyen por su significado simbólico o mitológico. Estas obras de arte son efímeras y se crearon con arena, rocas trituradas y plantas secas de diferentes colores dispuestas en dibujos en el suelo.

ARTE RENACENTISTA Y BARROCO

En el Renacimiento y el Barroco, las mariposas representaban a menudo el alma humana, y su metamorfosis tenía connotaciones religiosas de resurrección. Sin embargo, no todas las imágenes eran edificantes: en *El jardín de las delicias* (hacia 1503) de El Bosco, no son ángeles, sino demonios, los que lucen alas de mariposa; uno muestra el dibujo de una ortiguera (*Aglais urticae*) y otro, los ocelos de una loba (*Maniola jurtina*).

Las mariposas y las orugas eran muy populares en las naturalezas muertas. Un ejemplo es la *Naturaleza muerta con flores en un jarrón* (1617) del pintor holandés Christoffel van den Berghe, que incluye varias especies de mariposas europeas comunes. Además de mostrar la habili-

↓ Imágenes de mariposas de Teotihuacán (véase página 131). Desde las almas hasta el renacimiento, las mariposas tenían muchos significados en la América precolombina.

IMPRESIONES SURREALISTAS

Las mariposas también avivaron la imaginación de los pintores impresionistas y surrealistas. Vincent van Gogh pintó una serie de cuadros de mariposas entre 1889 y 1890, entre ellos *Amapolas y mariposas* y *Hierbas altas con mariposas*, en los que estas criaturas representaban la capacidad humana de transformación. Salvador Dalí también asoció el motivo de la mariposa con la esperanza y el cambio, dos elementos que sin duda estarían en el aire durante la Guerra Civil española, cuando creó su *Barco con velas de mariposa* (1937).

dad del artista para ilustrar la delicada anatomía de los insectos, conferían simbolismo a objetos aparentemente mundanos.

XILOGRAFÍAS JAPONESAS

Katsushika Hokusai, uno de los pintores de *ukiyo-e* más conocidos del período Edo (1603-1867), autor de clásicos universales como *La gran ola de Kanagawa*, incluyó mariposas en sus xilografías. Una obra especialmente evocadora es *Un filósofo observando un par de mariposas* (1809-1819), que invita al espectador a reflexionar sobre los insectos junto al erudito-guerrero. Otra de sus creaciones, *Peonías y mariposa* (hacia 1833), resulta sorprendentemente dinámica a pesar de sus líneas precisas: el fuerte viento se deja sentir a través de las alas arqueadas de la mariposa, que se enfrenta con valentía a la ráfaga, tal vez como símbolo de persistencia frente a los retos desalentadores.

Kamisaka Sekka, maestro del estilo pictórico rinpa (que favorece los motivos de la naturaleza y las estaciones), publicó dos volúmenes de xilografías dedicadas a las mariposas. *Cho senshu*, o *Mil mariposas* (1904), es una serie de xilografías minimalistas protagonizadas por mariposas de todas las formas, colores y tamaños (algunas reales, la mayoría imaginarias). La variedad caleidoscópica de los patrones alares de las mariposas en la naturaleza probablemente inspiró a Sekka a imaginar las innumerables posibilidades de estos elementos en las artes decorativas.

LAS MARIPOSAS EN LA LITERATURA

Vladimir Nabókov, un destacado escritor del siglo xx y lepidopterista, escribió: «La literatura y las mariposas son las dos pasiones más dulces que conoce el hombre». En sus propias obras, incluida *Pálido fuego*, aparece con frecuencia el motivo de las mariposas. Su simbolismo latente es irresistible para la mente creativa, por lo que las mariposas y quienes las aman se abren camino en los ámbitos del arte, la literatura y la filosofía.

LA MARIPOSA FILOSÓFICA

«Zhuang Zhou sueña que es una mariposa» (hacia 300 a. C.) es una famosa historia de filosofía taoísta en la que el protagonista, al despertar, no está seguro de si es un humano que soñó que era una mariposa o una mariposa que sueña que es humano. *La metamorfosis* de Kafka (1915) hace que el lector se estremezca ante la idea de convertirse en un insecto, pero este relato representa un experimento mental más apetecible sobre las limitaciones de la propia percepción y la impermanencia de todas las distinciones terrenales.

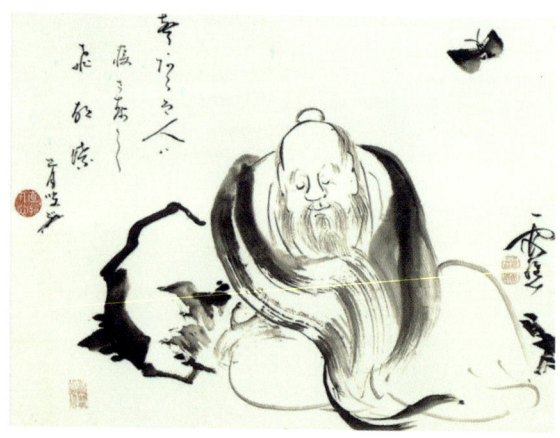

LA MARIPOSA LÍRICA

Como en el caso de los pintores, las mariposas inspiran a menudo a los poetas. El siguiente haiku del poeta japonés Matsuo Bashō (1644-1694) es breve, pero vuela certero como una flecha al corazón:

Una oruga,
el corazón del otoño;
todavía no es una mariposa.

Emily Dickinson (1830-1886) incluye mariposas en varios de sus poemas, como «La mariposa obtiene» y «De capullo a mariposa», aparentemente atraída por sus temas contradictorios de la belleza frente a la vanidad y la aparente falta de objetivo frente al potencial latente.

LA MARIPOSA PROVERBIAL

Las mariposas figuran en los proverbios de varios grupos étnicos del continente africano. Para los fon de Benín, el proverbio *Awadakpekpe we un nyi* (que significa «Soy una mariposa; vuelo de flor en flor») expresa la libertad asociada a las mariposas. El pueblo yoruba de África occidental, sin duda observando el vuelo errático de algunas especies, tiene un dicho: *Yio b'ale, yio b'ale ni labalaba fi wo'gbo* («Se calmará, se calmará, y aun así la mariposa vuela hacia la espesura de un arbusto»). Este comportamiento espasmódico podría ser la razón por la que llamar a alguien «mariposa» en Ruanda y Chad implica tener malos modales o no ser de fiar.

← Ike no Taiga (1723-1776), de Kioto (Japón), fue uno de los numerosos artistas que ilustraron el episodio del «Sueño de una mariposa» del *Zhuangzi* (hacia 300 a. C.), un antiguo texto chino fundacional de la filosofía taoísta. Este relato se asocia con los temas de la transformación y la naturaleza ilusoria de la realidad.

USOS COMERCIALES

Los *souvenirs* de mariposas (mariposas coloridas montadas tras un cristal, joyas elaboradas con fragmentos de alas iridiscentes y *collages* a base de alas de mariposa) pueden encontrarse a menudo en los viajes a los trópicos. Estas artesanías ayudan a la población local a sacar provecho de sus recursos naturales y a abrazar el ecoturismo.

EXPOSICIONES DE MARIPOSAS VIVAS

En la década de 1970 aparecieron las primeras exposiciones de mariposas vivas en Inglaterra, Malasia y Florida. Estos recintos constituyen una combinación de jardín y zoo donde se puede pasear entre plantas tropicales y observar a las mariposas alimentándose de flores y frutas fermentadas. Detrás de este sencillo concepto hay una compleja operación de criaderos de mariposas en los trópicos que recogen crisálidas y las envían a las instalaciones de exhibición a tiempo para la eclosión de las mariposas. Estos frágiles negocios suponen un importante incentivo para que los habitantes de regiones de gran biodiversidad de países tropicales, como Costa Rica, Ecuador y Malasia, conserven el hábitat local de las mariposas como fuente de reservas y plantas huésped.

↓ Morpho azul andina, *Morpho peleides* (envergadura 13-20 cm), y *Ornithoptera euphorion* (envergadura 18-25 cm).

Las especies grandes y coloridas son populares entre los criadores que ofrecen exhibiciones de mariposas vivas.

→ *Panacea prola* (envergadura 6-8 cm), con su llamativo diseño alar azul iridiscente y la parte inferior de color rojo sangre, supone una adición espectacular a muchos mariposarios. Aquí se muestra posada sobre una hoja en la exposición «Butterfly Rainforest» del Museo de Historia Natural de Florida.

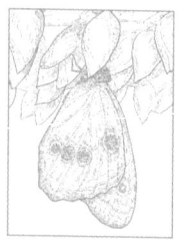

ORÍGENES DE LA LEPIDOPTEROLOGÍA

La mayor parte de lo que hoy sabemos sobre las mariposas, desde su clasificación hasta su ecología y su distribución, procede de personas que coleccionaron especímenes. Los esfuerzos de conservación a menudo son iniciados por personas que se dedican a la recolección de mariposas, del mismo modo que los pescadores y los cazadores suelen ser los más firmes defensores de la conservación de la naturaleza.

GABINETES DE CURIOSIDADES

En el siglo XVI, cuando entre la nobleza europea se extendió la filosofía humanista y las ideas baconianas sobre la virtud de acumular conocimientos sobre el mundo, se puso de moda coleccionar objetos para exponerlos en *Wunderkammer*, también conocidos como «gabinetes de curiosidades». Una colección ideal debía contener un equilibrio de objetos procedentes de la naturaleza, fenómenos naturales inusuales, objetos fabricados por el hombre, parafernalia cultural de todos los rincones del mundo, instrumentos científicos y artefactos históricos. Las mariposas se hicieron muy populares en estos gabinetes de curiosidades por su belleza, su asociación con tierras exóticas y su facilidad de exposición sujetas con alfileres.

REGISTRO DE LA NATURALEZA

↓ Reunir colecciones de mariposas en bonitos armarios de madera se puso de moda entre la elite adinerada de la época victoriana.

Joris Hoefnagel (1542-1601), artista de la corte del emperador del Sacro Imperio Romano Germánico Rodolfo II (que poseía uno de los gabinetes de curiosidades más extravagantes), realizó impresionantes representaciones naturalistas de mariposas y orugas en poses naturales para iluminar manuscritos. Su colección de cuatro volúmenes, *Los cuatro elementos*, contenía 300 miniaturas representadas con meticulosidad en pergamino con acuarelas. La nomenclatura taxonómica no se desarrolló hasta dos siglos más tarde, pero es probable que aquellas ilustraciones tan detalladas y precisas del mundo natural contribuyesen a los avances en ese campo.

INSECTOS DEL PARAÍSO TROPICAL

Maria Sibylla Merian (1647-1717), hija de un grabador holandés y formada por su padrastro (alumno del pintor alemán de naturalezas muertas George Flegel), avivó todavía más la imaginación del público europeo sobre los insectos tropicales. Maria aumentó el acervo de conocimientos entomológicos con sus dibujos sobre la exquisita belleza de los insectos tropicales que observó en sus viajes a Surinam. Uno de sus temas favoritos era el desarrollo de los insectos, al que dedicó su *Metamorphosis Insectorum Surinamensium*: en él no solo presentó a los adultos, sino también los estadios inmaduros de las mariposas.

LOS PRIMEROS CIENTÍFICOS CIUDADANOS

A diferencia de muchos otros grupos de insectos (con la posible excepción de los escarabajos de mayor tamaño), el estudio de los lepidópteros, incluida la identificación de nuevas especies, la descripción del ciclo biológico y la catalogación de su distribución, ha estado liderado en gran medida por lepidopteristas aficionados. La mayoría de las colecciones de los grandes museos proceden de donaciones de especímenes recogidos por esos aficionados a lo largo de su vida. Los interesados en los lepidópteros, tanto profesionales como aficionados, se reúnen en sociedades de lepidopteristas, que existen tanto a escala regional como internacional.

LEPIDOPTERISTAS FAMOSOS

Vladimir Nabókov (1899-1977), autor al que ya hemos hecho referencia en este capítulo, fue un taxónomo serio especializado en la tribu de los licénidos Polyommatini, y a día de hoy muchos de sus especímenes se pueden encontrar en el Museo de Zoología Comparada de la Universidad de Harvard. Las mujeres tuvieron más dificultades para ser aceptadas en el mundo de la exploración de la historia natural, pero eso no frenó a la lepidopterista victoriana Margaret Fountaine (1862-1940), que recolectó mariposas en más de 60 países, casi siempre en solitario. Fue elegida miembro de la Real Sociedad Entomológica y, a su muerte, legó una impresionante colección de especímenes y acuarelas de gran rigor científico.

JARDINERÍA DE MARIPOSAS

Los exploradores victorianos llevaron a Inglaterra muchas de las plantas interesantes que encontraron en sus viajes, y esas flores exóticas empezaron a abrirse paso en sus jardines. Entre ellas se encontraba el arbusto de las mariposas (*Buddleja davidii*), importado de China en 1774, y que en la actualidad es un elemento básico de la «jardinería de mariposas» (la práctica de seleccionar plantas con el objetivo principal de atraer a los lepidópteros). En los últimos años, la jardinería de mariposas se ha convertido en un fenómeno en Europa y Estados Unidos.

PLANTAS HUÉSPED Y FUENTES DE NÉCTAR

Las plantas huésped ofrecen a las mariposas la oportunidad de poner huevos y a las orugas de desarrollarse. Suelen ser exclusivas de cada especie, por lo que deben adaptarse a las mariposas de su zona. El néctar, por su parte, puede proceder de una gran variedad de plantas. Las flores compuestas, como las margaritas, *Rudbeckia bicolor* y las equináceas, proporcionan una plataforma de aterrizaje conveniente para las mariposas más grandes. Muchas flores con corolas profundas, como *Hamelia patens*, atraen a las mariposas con probóscides largas.

↓ Un satírido, *Melanargia galathea*, visita un jardín de mariposas a las afueras de Grenoble (Francia).

↓ *Fritillaria* posada en *Rudbeckia*, una flor común de jardín que también es una excelente fuente de néctar para las mariposas.

→ Atraer a la escasa podalirio, *Iphiclides podalirius*, a un jardín de mariposas europeo es posible plantando una combinación de arbusto de las mariposas (*Buddleja*) y endrino (*Prunus spinosa*), ya que el primero proporciona una fuente de néctar para los adultos y el segundo brinda alimento a sus orugas.

LAS OLIMPIADAS DE LAS MARIPOSAS

Los atletas humanos compiten por la gloria, las mariposas lo hacen por la supervivencia. Como resultado, las especies de mariposas varían enormemente en sus habilidades, y esta impresionante gama, que tan solo refleja la variedad de las estrategias de supervivencia, puede apreciarse mejor considerando los extremos.

VUELO A DISTANCIA

Ya hemos hablado del hecho de que algunas mariposas pueden recorrer inmensas distancias al destacar la migración de las monarcas a México (*véase* capítulo 8, página 102). Sin embargo, el récord de migración más largo pertenece a la vanesa de los cardos (*Vanessa cardui*), que migra desde el Ártico hasta sus zonas de cría en África, recorriendo más de 16 000 km.

En el otro extremo se encuentran las hogareñas hembras de *Euphydryas anicia*, de Colorado, que solo abandonan el terreno de su planta huésped cuando el acoso de los machos se hace insoportable.

↓ Vanesas de los cardos en Colorado alimentándose de una de las más de 300 plantas de néctar que utilizan durante su migración por Norteamérica.

VELOCIDAD

Las mariposas de alas de cristal (Ithomiinae; *véase* capítulo 9, páginas 112-113) probablemente sean de las mariposas de vuelo más lento, ya que pasan la mayor parte del tiempo revoloteando en el aire. Tienen el tórax corto y delgado, y el movimiento de sus alas es frecuente pero de poca amplitud. En el mismo hábitat neotropical se pueden ver otros ninfálidos, como la *Prepona* iridiscente, con alas anteriores triangulares, cortas y anchas, y tórax muy grueso y largo en proporción con la longitud de sus alas. Esos tórax albergan potentes músculos alares que permiten volar a velocidades superiores a 48 km/h.

TAMAÑO

La envergadura de 15 cm de *Papilio homerus*, la mariposa más grande del Nuevo Mundo, palidece en comparación con *Ornithoptera alexandrae*, de Papúa Nueva Guinea, que puede llegar a duplicar su tamaño. Las mariposas más pequeñas pertenecen a la familia Lycaenidae. La envergadura de la azul pigmea (*Brephidium exilis*), que se da de forma natural en el oeste de Estados Unidos y el Caribe, y que se ha introducido recientemente en el Viejo Mundo, ni siquiera llega a los 2 cm.

MARIPOSAS BORRACHAS Y DORMITORIOS COMUNITARIOS

Durante un viaje de recolección se observó a una mariposa duende negro (*Opsiphanes cassiae*), entrando en una habitación y sorbiendo el vino que se había derramado sobre la mesa. Esta gran mariposa se emborrachó rápidamente y se desorientó, volando en espiral y batiendo las alas de manera ineficaz al aterrizar. Al cabo de unas horas, después de dormir la mona, se fue volando como si nada hubiera pasado. Estas mariposas se sienten atraídas por la fruta fermentada, pero por lo general no beben suficiente alcohol como para emborracharse.

BEBER JUNTAS, DORMIR JUNTAS

Muchas mariposas acaban bebiendo juntas de la tierra mojada y la fruta fermentada. Se sienten atraídas por el aroma del alcohol y el amoníaco, pero también toman ejemplo unas de otras y se segregan por especies cuando se encharcan. Algunas mariposas llevan las obligaciones sociales a otro nivel: por la noche, en la oscuridad de la selva, mariposas daga (*Marpesia*) y alas largas (*Heliconius*) duermen juntas, colgadas de las ramas como uvas desde el atardecer hasta el amanecer.

↓ Los subproductos de la fermentación de la fruta atraen a las mariposas frugívoras, como esta mariposa duende negro.

↓ *Marpesia berania* se posa en grupos durante la noche en la selva tropical para contar con una defensa comunitaria.

→ En Argentina, *Heliconius erato phyllis* forman dormideros nocturnos, algo común en este género. Los nuevos miembros del dormidero son «reclutados» en las flores por las mariposas más veteranas, a las que siguen hasta los dormideros. El intercambio de información sobre la búsqueda de alimento puede ser otra de las razones de este comportamiento gregario.

CONSUMO Y LANZAMIENTO DE EXCREMENTOS

Tanto los hespéridos jóvenes como los adultos (Hesperiidae, *véase* capítulo 3, páginas 42-45) tienen una relación interesante con los excrementos, pero de maneras diferentes. A los adultos les gusta complementar su dieta floral más tradicional con excrementos de pájaros, mientras que las orugas producen sus propios cañonazos lanzando sus bolitas de excrementos (conocidas por los entomólogos como *frass*) con una fuerza prodigiosa.

PROYECTILES DE *FRASS* QUE AYUDAN A LA SUPERVIVENCIA

La saltarina gota de plata norteña (*Epargyreus clarus*), perfecciona su talento para lanzar excrementos a medida que la oruga crece y se hace más fuerte, hasta alcanzar distancias de más de 80 cm con su cuerpo compacto de 4 cm de longitud. Aunque cabría suponer que esta conducta se desarrolló simplemente como una cuestión de higiene personal, se ha planteado la hipótesis de que también sirve para engañar a depredadores y parasitoides. En un estudio, las avispas depredadoras detectaron más fácilmente a las orugas con excrementos en sus refugios y alrededores que a las que no los tenían. Esto probablemente sea más cierto para las avispas parasitoides (*véase* capítulo 6, página 78), muchas de las cuales están altamente especializadas en encontrar y poner huevos dentro de orugas vivas.

LANZAMIENTO DE EXCREMENTOS

La oruga del hespérido brasileño *Calpodes ethlius* tiene la piel traslúcida, lo que la convierte en un sujeto especialmente adecuado para estudiar el mecanismo por el que estas orugas expulsan sus excrementos de una manera tan singular. La oruga acumula presión en la hemolinfa apretando sus propatas posteriores, pero en lugar de transferir la presión al sistema excretor de forma gradual, la libera de golpe. Hay una placa especial, conocida como peine anal, situada justo encima del ano, que permite contener la presión hasta su expulsión. Una vez que se libera ese cerrojo, las bolitas de *frass*, que pesan unos 10 mg, se descargan a una velocidad de 1,3 m por segundo y a una distancia de más de 70 cm.

EL «EFECTO DERRAME» DE LAS HECES DE LAS AVES

Los excrementos de las aves pueden ser una molestia cuando aterrizan en su preciada chaqueta de camino al teatro, pero representan una fuente de nutrientes muy codiciada por otros animales. Las manchas blancas deben su color al ácido úrico excretado por las aves, y también son ricas en sales, fósforo y nitrógeno, materias primas valiosas y escasas en el mundo natural. Los machos de hespéridos se lanzan a por esos excrementos para reforzar sus posibilidades reproductivas, no solo para mantener en buena forma su vuelo en busca de hembras, sino también para transmitir esos productos a las hembras a través de los espermatóforos durante el apareamiento.

Esta afición por las heces de las aves provoca un interesante efecto cascada en los trópicos. Los pájaros suelen seguir el movimiento de las hormigas guerreras por el bosque, ya que pueden alimentarse de forma fiable de los insectos que se dispersan fuera del camino de la horda que avanza. Los hespéridos también siguen a las hormigas, pero no les importan lo más mínimo: solo les interesan los preciados excrementos de ave que siguen la misma trayectoria.

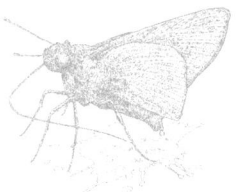

← Los hespéridos poseen una larga probóscide y un abdomen flexible que les ayuda a «reciclar» el agua mientras diluyen y absorben los excrementos de las aves.

LA SALA DE MATERNIDAD DE LAS MARIPOSAS

La mayoría de las mariposas ponen huevos de forma individual o en pequeños lotes en sus plantas huésped. Muchas mariposas, desde las mariposas emperatriz (*Asterocampa*) en Estados Unidos a numerosas Ithomiini en el neotrópico, pasando por los licénidos *Eumaeus*, depositan los huevos de forma gregaria, lo que significa que lo hacen en lotes. De ese modo, proporcionan a sus orugas un comienzo saludable que les permite romper las defensas mecánicas de la planta: trabajan juntas para eliminar los pelos o la capa epidérmica gruesa de la hoja y llegar a la parte buena y jugosa.

TODAVÍA MÁS HUEVOS EN LA MISMA CESTA

Algunas mariposas llevan los viveros de orugas a otro nivel. Sorprendentemente, al menos dos géneros de mariposas ninfálidas, *Heliconius* y *Aglais*, han desarrollado una conducta por la que las hembras cooperan ovipositando juntas en la misma hoja, creando así una guardería para sus crías. En las mariposas carey (*Aglais*), esto da lugar a enormes nidos comunales de varios centenares de orugas que se alimentan en la misma parcela de ortigas.

↓ Los grupos numerosos de huevos ofrecen ventajas, como que los huevos exteriores proporcionan un escudo protector contra los parasitoides.

↓ La oviposición gregaria conduce a grandes grupos de orugas que se alimentan juntas, superando así las defensas de las plantas.

→ Las hembras de la mariposa carey de la India (*Aglais caschmirensis*) ovipositan en ocasiones en tándem sobre ortigas, formando grandes pilas de huevos. Sus orugas pueden formar grandes nidos de seda en las ortigas que les ayudan a mantenerse protegidas y calientes. Las orugas más veteranas se atreven a alimentarse y pupar solas.

ENGAÑAR A LAS ARAÑAS

La coloración de las mariposas se atribuye con frecuencia a la depredación por parte de las aves. Y, de hecho, existen muchos casos de coloración aposemática para advertir de la toxicidad, así como imitaciones de esos patrones, que afectan al comportamiento depredador de las aves y, por tanto, a la evolución de las mariposas.

También existen numerosos casos documentados de patrones de cabeza falsa (*véase* capítulo 5, páginas 64-65) —donde una cola y un ocelo en el ala posterior simulan la cabeza— que pueden hacer que las aves ataquen el «extremo equivocado» de la mariposa, permitiéndole escapar. Está claro que esto funciona bien con algunas mariposas grandes, como la escasa podalirio, *Iphiclides podalirius* (*véase* capítulo 11, página 141), que con frecuencia pierde la cola «a manos de las aves». Sin embargo, muchos de estos patrones de falsa cabeza se hallan en mariposas (y polillas) muy pequeñas y parecen demasiado diminutos para desviar eficazmente los ataques de las aves. Entonces, ¿para qué sirven estos adornos?

VISIÓN DE ARAÑA SALTARINA

La razón por la que la distracción de la cabeza falsa funciona tan bien en la araña saltadora se debe probablemente a la naturaleza única de la visión de las arañas. Las arañas saltadoras son especialmente hábiles tanto en la visión frontal en color como en la visión periférica de 360°, en escala de grises, que las alerta de cualquier señal de movimiento. Cuando se encuentra con una mariposa, la araña se centra en ella como si fuese un objetivo normal, pero es probable que se distraiga con las manchas de colores brillantes de la «cola» que se mueve arriba y abajo. Así se desplaza el foco de los ojos principales (y, por tanto, su ataque) de la vulnerable región de la cabeza a la «desechable» zona de las alas. En la naturaleza, es frecuente encontrar mariposas a las que les falta la zona de la cabeza falsa, sin duda supervivientes de ataques de arañas.

LYCAENIDAE CONTRA ARAÑAS

En una serie de enfrentamientos orquestados en el laboratorio se emparejó a una araña saltarina *Phidippus* con diversas polillas y mariposas. Cada vez que la araña se encontraba con su presa, sabía exactamente dónde abalanzarse para asestarle una mordedura paralizante detrás de la cabeza. A continuación, succionaba de manera triunfal a su víctima hasta dejarla seca. Sin embargo, cuando a esta contendiente invicta se le presentó una *Calicopis cecrops*, que tiene un patrón de cabeza falsa, la araña apuntó siempre a la región de esa cabeza falsa. La araña acabó dándose por vencida, lo que demuestra la eficacia de esta estrategia contra los pequeños depredadores.

↑ Muchas especies de Lycaenidae, como esta *Calicopis cecrops*, se defienden de las arañas saltarinas desviando sus ataques de su cabeza real a la «falsa» de sus alas.

GÉNERO, SEXO Y CINTURONES DE CASTIDAD

Existen muchos rituales inusuales en el apareamiento de las mariposas: por ejemplo, la aparición de los cinturones de castidad, el apareamiento en pupa y la proporción sesgada de sexos. Aunque raros, los intersexos y los ginandromorfos (individuos mitad macho mitad hembra) pueden destacar por sus alas en parte masculinas y en parte femeninas.

SPHRAGIS: EL CINTURÓN DE CASTIDAD DEFINITIVO

En cerca de 300 especies de mariposas, los machos colocan tapones de apareamiento o *sphragis* sobre o dentro del abdomen de la hembra durante el apareamiento. Este tipo de «posesividad» se manifiesta a menudo en especies con un comportamiento de cortejo poco elaborado: el último en aparearse suele convertirse en el padre, por lo que los machos intentan impedir que la hembra continúe emparejándose.

Las mariposas del género *Parnassius* establecen un récord en este sentido, con un asombroso 20 por ciento del peso corporal del macho «invertido» en la producción de *sphragis* en las glándulas accesorias de los genitales masculinos, que constituye una gran inversión de proteínas y lípidos. La sustancia cerosa y viscosa se produce de forma gradual durante el apareamiento, y después se endurece al entrar en contacto con el aire; en ocasiones forma estructuras muy grandes y de aspecto engorroso. Estos *sphragis* son visibles para otros machos, lo que puede impedir que continúe el acoso (y, desde luego, el apareamiento físico) para que la hembra pueda dedicarse a sus tareas de alimentación y puesta de huevos.

APAREAMIENTO PUPAL

Dieciocho especies del género *Heliconius* pertenecen al «clado del apareamiento en pupa», en el que los machos buscan a las hembras cuando todavía están dentro de sus crisálidas. En el caso de *Heliconius charithonia*, la mariposa cebra, estas hembras no tienen la oportunidad de desplegar sus alas antes de quedar preñadas. A medida que la hembra madura dentro de la crisálida, los machos (que ya están volando) se fijan en la pupa y empiezan a visitarla, atraídos tanto por las señales visuales como por el olor. Dos machos pueden posarse en lados opuestos de la pupa e impedir el aterrizaje de pretendientes competidores abriendo las alas cuando se acercan. Este extraño ritual puede durar días hasta que la hembra está lista para emerger. Sin embargo, antes de que pueda hacerlo, el macho alfa perfora la crisálida con su abdomen y se aparea con la hembra aún dentro. Unida todavía al macho, la hembra consigue salir del caparazón de la pupa, pero permanece unida a él mientras extiende y seca sus alas. Además del espermatóforo, el macho da a la hembra compuestos antiafrodisíacos que hacen que su novia no sea atractiva para otros machos. Así, una vez separados, ella se dedicará a poner huevos sin interferencias del sexo opuesto.

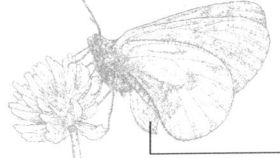

Un *sphargis* impide que esta blanca de Asso (*Parnassius mnemosyne*) pueda volver a aparearse.

GINANDROMORFOS E INTERSEXOS

En la mayoría de los animales, si dos espermatozoides portadores de genes sexuales opuestos fecundan un óvulo raro con dos núcleos, se produce la muerte temprana del embrión. No es el caso en las mariposas. Así, vez en menos de una ocasión entre 100 000, un espectacular ginandromorfo bilateral resulta de esa fertilización.

Los intersexos son más comunes que los ginandromorfos. Casi siempre se manifiestan como individuos masculinos o femeninos con alas y regiones corporales diferenciadas que se parecen a las del sexo opuesto. Tres alas serán mayoritariamente masculinas y una sobre todo femenina, por lo que este tipo de mariposas puede ser bastante llamativa en las especies sexualmente dimórficas. Desde el punto de vista biológico, todo el organismo puede ser macho o hembra y mostrar solo características sexuales secundarias del sexo opuesto. Las causas del fenómeno pueden ser las mutaciones, la hibridación entre especies diferentes o las infecciones, entre otras.

GLOSARIO

abdomen
Los 10 últimos segmentos del cuerpo de una mariposa; en la oruga, región de la que sobresalen las propatas.

antenas
Apéndices multisegmentados de la cabeza con sensilias responsables del olfato en orugas y adultos; en las monarcas, estos órganos también se utilizan para la orientación.

bursa copulatrix
Saco situado en el interior del abdomen de la hembra en el que se introduce un espermatóforo durante el apareamiento.

cremáster
Extremo del abdomen de la crisálida provisto de ganchos que sirven para fijarlo a una almohadilla de seda que la oruga ha tendido previamente.

crisálida
Fase de pupa de una mariposa.

CRISPR-Cas9
Serie de repeticiones palindrómicas cortas agrupadas y regularmente interespaciadas que se utilizan para reconocer (y la enzima Cas9, para cortar) secuencias objetivo de ADN.

cuerpo alado
Glándula que produce la hormona juvenil.

epifaringe
Parte de la boca donde la oruga saborea los alimentos; en las mariposas adultas se encuentra detrás de la probóscide.

epitelio
Capa celular que recubre el tubo digestivo en las orugas y las mariposas.

escama
Estructura microscópica quitinosa que sirve de «teja» individual. Una multitud de escamas cubre las alas de las mariposas.

esclerito
Estructuras quitinosas individuales del exoesqueleto que, como nuestros huesos, proporcionan soporte y puntos de unión para los músculos.

espermateca
Saco del abdomen de la hembra en el que se almacena el esperma antes de fecundar los óvulos.

espermatóforo
Masa que contiene esperma y nutrientes y que se transfiere del macho a la hembra durante el apareamiento.

espiráculo
Abertura externa de la tráquea.

espiritrompa
Parte de la boca en forma de pajita enrollada (formada por dos mitades llamadas galeas) a través de la cual beben las mariposas.

estadio
Fase de la oruga entre
una muda y otra.

hilera
Órgano situado bajo el
aparato bucal de la oruga,
donde se abre la glándula
de la seda y esta última
se hila.

larva
Fase de desarrollo
de crecimiento y muda;
sinónimo de «oruga» en
mariposas y polillas.

Malpighi, túbulos de
Órganos excretores
situados en la cavidad
abdominal.

metamorfosis
Transformación de huevo
a adulto a través de las
fases de oruga y pupa.

ocelo
Elemento con forma de
diana en el ala con un
centro distinto, en ocasiones
con círculos concéntricos
alrededor.

omatidio
Unidad de ojos compuestos
con su propio cristalino
(córnea).

opsinas
Pigmentos que recubren la
parte inferior del omatidio
y que son responsables de
captar la luz, por lo que
son fundamentales para
la visión del color en las
mariposas.

osmeterio
Glándula que cumple
una función defensiva.
Se encuentra detrás de
la cabeza en las orugas
de las mariposas cola de
golondrina.

ovipositor
Parte externa de los
genitales de la hembra
a través de la cual sale
el huevo.

palpos
Piezas bucales
representadas por
apéndices segmentados.

pupa
Estadio de desarrollo
relativamente inactivo entre
el de oruga y el de adulto;
sinónimo de «crisálida» en
el caso de las mariposas.

quitina
Material duro y flexible
a base de polisacáridos
con el que las mariposas
fabrican su exoesqueleto.

sensilia
Órgano sensorial de los
insectos, incluidas las
mariposas.

seta
Estructura rígida y pilosa.

sphragis
En las mariposas,
estructura segregada
por el macho durante el
apareamiento para evitar
futuras cópulas de la
hembra.

tórax
Parte de una mariposa
adulta donde se unen
las alas y las patas; los
tres primeros segmentos
(fusionados) del cuerpo.

tráquea, traqueolas
Tubos huecos y ramificados
que forman el sistema
respiratorio.

Vogel, órgano de
Órgano auditivo de
las mariposas ninfálidas
situado en las alas.

LECTURAS RECOMENDADAS

Capítulo 1 Darwin, C., *The origin of species by means of natural selection...* (*El origen de las especies*), 1859.

De Jong, R., «Reconstructing a 55-million- year-old butterfly...», *European J. of Entomology*, 2016.

Dobzhansky, T., *Genetics of the Evolutionary Process*, 1970.

Grimaldi, D., y Engel, M. S., *Evolution of the Insects*, Cambridge Un. Pr., 2005.

Kawahara, A. Y., et al., «A global phylogeny of butterflies...», *Nature Ecology & Evolution*, 2023.

Lukhtanov, V. A., et al., «DNA barcodes as a tool in biodiversity research...», *Systematics and Biodiversity*, 2016.

Mallet, J., «Species», en *Encyclopedia of biodiversity*, 2001.

Mayr, E., *Systematics and the Origin of Species...*, 1942.

Capítulo 2 Cox, C. B., et al., *Biogeography...*, Wiley & Sons, 2016.

Rosser, N., et al., «The Amazon River is a suture zone...», *Ecography*, 2021.

Sourakov, A., y Chadd, R. W., *The Lives of Moths...*, Princeton Un. Pr., 2022.

Sourakov, A., y Zakharov, E. V., «"Darwin's butterflies"? DNA barcoding and the radiation of... genus *Calisto*...», *Comparative Cytogenetics*, 2011.

Capítulos 3-5 Ackery, P. R., y Vane-Wright, R.I., *Milkweed butterflies...*, British Museum, 1984.

Carvalho, A. P. S., et al., «Diversification is correlated with temperature in white and sulfur butterflies», *bioRxiv*, 2022.

Condamine, F. L., et al., «A comprehensive phylogeny... of *Papilio*», *Molecular Phylogenetics and Evolution*, 2023.

Lukhtanov, V. A., et al., «Reinforcement of pre-zygotic isolation and karyotype evolution in *Agrodiaetus*...», *Nature*, 2005.

Pierce, N. E., y Dankowicz, E., «The natural history of caterpillar-ant associations», en *Caterpillars in the middle*, Springer Int. Pub, 2022.

Tyler, H. A., et al., *Swallowtail butterflies of the Americas: ...*, Scientific Pub., 1994.

Wahlberg, N., et al., «Revised systematics and higher classification of pierid butterflies...», *Zoologica Scripta*, 2014.

Warren, A. D., et al., «Illustrated lists of American butterflies», http://www. butterfliesofamerica. com.

Capítulo 6 Beran, F., y Petschenka, G., «Sequestration of plant defense compounds by insects ...», *Annual review of entomology*, 2022.

Godfray, H. C. J., *Parasitoids. Behavioral and Evolutionary Ecology*. Princeton Un. Pr., 1994.

James, D. G. (comp.), *The book of caterpillars...*, University of Chicago Press, 2018.

Capítulo 7 Grimaldi D. A., *The Complete Insect: Anatomy, Physiology, Evolution, and Ecology*, Princeton Un. Pr., 2023.

Pass, G., «Beyond aerodynamics: The critical roles of the circulatory and tracheal systems in maintaining insect wing functionality», *Arthropod Str. & Dev.*, 2018.

Ravenscraft, A., et al., «Structure and function of the bacterial and fungal gut microbiota of Neotropical butterflies», *Ecological Monographs*, 2019.

Scoble, M. J., *The Lepidoptera...*, Oxford Un. Pr., 1992.

Snodgrass, R. E., *The caterpillar and the butterfly*, Smithsonian Miscellaneous Collns., 1961.

Srivastava, K. P., «On the respiratory system of the lemon-butterfly...», *Australian Journal of Entomology*, 1976.

Tsai, C. C., et al., «Physical and behavioral adaptations to prevent overheating of the living wings of butterflies», *Nature Communications*, 2020.

Capítulo 8 Briscoe, A. D., «Reconstructing the ancestral butterfly eye: focus on the opsins...», *J. of Experimental Biol.*, 2008.

Chakraborty, M., et al., «Sex-linked gene traffic underlies the acquisition of sexually dimorphic UV color vision...», *PNAS*, 2023.

Lane, K. A., et al., «Hearing in a diurnal, mute butterfly, *Morpho peleides*», *J. of Comparative Neurology*, 2008.

McCulloch, K. J., et al., «Insect opsins and evo-devo...», *Philosophical Transactions of the Royal Society B.*, 2022.

Reppert, S. M., y de Roode, J. C., «Demystifying monarch butterfly migration», *Current Biol.*, 2018.

Sourakov, A. A., et al., «Foraging behuvior of the Blue Morpho...», *Psyche*, 2012.

Sun, P., et al., «In that vein: inflated wing veins contribute to butterfly hearing», *Biol. Letters*, 2018.

Capítulo 9 Beldade, P., y Monteiro, A., «Eco-evo-devo advances with butterfly eyespots», *Current opinion in genetics & devel.*, 2021.

Ficarrotta, V., et al., «A genetic switch for male UV iridescence in an incipient species pair of sulphur butterflies», *PNAS*, 2022.

Hanly, J. J., et al., «Genetics of yellow-orange color variation in a pair of sympatric sulfur butterflies», *Cell Reports*, 42 (8), 2023.

Jiggins, C. D., *The ecology and evolution of Heliconius butterflies*, Oxford Un. Pr., 2017.

Martin, A., y Reed, R. D., «Wnt signaling underlies evolution and development of the butterfly wing pattern symmetry systems», *Devel. Biol.*, 2014.

Mazo-Vargas, A., et al., «Deep cis-regulatory homology of the butterfly wing pattern ground plan», *Science*, 378 (6617), págs. 304-308, 2022.

Pomerantz, A. F., et al., «Developmental, cellular and biochemical basis of transparency in clearwing butterflies», *J. of Experimental Biol.*, 2021.

Sourakov, A., «Emperors, admirals and giants...», *F1000Research*, 2020.

Sourakov, A. A., y Al-Obeidi, A., «Biomimetic non-uniform nanostructures reduce broadband reflectivity in transparent substrates», *MRS Communications*, 2019.

Thayer, R. C., et al., «Structural color in Junonia butterflies evolves by tuning scale lamina thickness», *Elife*, 2020.

Van Belleghem, S. M., et al., «High level of novelty under the hood of convergent evolution», *Science*, 379 (6636), págs.1043-1049, 2023.

Zhang, L., et al., «Single master regulatory gene coordinates the evolution and development of butterfly color and iridescence», *PNAS*, 2017.

Capítulo 10 Nicholls, S., *Alien Worlds: How Insects Conquered the Earth...*, Princeton Un. Pr., 2023.

Larsen, T. B., «Forest butterflies in West Africa have resisted extinction... so far...», *Biodiversity and Conservation*, 2008.

Larsen, T. B., et al., «The butterfly fauna of a secondary bush locality in Nigeria», *J. of Res. on the Lepidoptera*, 1979.

Reboud, E. L., et al., «Genomics, Population Divergence, and Historical Demography of... the Queen Alexandra's Birdwing», *Genome Biol. and Evol.*, 2023.

Wagner, D. L., et al., «Insect decline in the Anthropocene: Death by a thousand cuts», *PNAS*, 2021.

Capítulo 11 Bass, M. A., *Insect Artifice: Nature and Art in the Dutch Revolt.*, Princeton Un. Pr., 2019.

Daniels, J., *Your Florida Guide to Butterfly Gardening: A Guide for the Deep South*, Un. Pr. of Fla., 2022.

Impelluso, L., *Nature and Its Symbols...*, J. Paul Getty Museum, 2004 (*La naturaleza y sus símbolos*).

Van Huis, A., «Cultural significance of Lepidoptera...», *Journal of Ethnobiology and Ethnomedicine*, 2019.

Capítulo 12 Carvalho, A. P. S., et al., «A review of the occurrence... the sphragis in butterflies», *ZooKeys*, 2017.

Estrada, C., et al., «Sex-specific chemical cues from immatures facilitate the evolution of mate guarding in Heliconius butterflies», *Proceedings of the Royal Society B.*, 2010.

Finkbeiner, S. D., «Communal roosting in Heliconius butterflies...», *J. of the Lepidopterists' Soc.*, 2014.

Jiggins, F. M., et al., «Sex ratio distortion in Acraea encedon is caused by a male-killing bacterium», *Heredity*, 1998.

Sourakov, A., «Pupal mating in Zebra longwing...», *News of the Lepidopterists' Soc.*, 2008.

Sourakov, A., «Social oviposition behavior... of Aglais cashmirensis», *Holarctic Lepidoptera*, 1997.

Sourakov, A., «Two heads are better than one: false head allows Calycopis cecrops to escape predation by a jumping spider...», *J. of Nat. Hist.*, 2013.

Talavera, G., et al., «The Afrotropical breeding grounds of the Palearctic- African migratory painted lady butterflies...», *PNAS*, 2023.

Weiss, M. R., «Good housekeeping: why do shelter-dwelling caterpillars fling their frass?», *Ecology Letters*, 2003.

ÍNDICE

AGRADECIMIENTOS

Nos gustaría agradecer la experiencia y la habilidad de los fotógrafos (véanse los créditos de las imágenes, página 4) y del equipo que ha hecho posible este precioso libro: Ruth Patrick, Lindsey Johns, Caroline West, Slav Todorov, Tugce Okay e Ian Durneen. Damos las gracias a Brian G. Scholtens, que aportó comentarios constructivos al manuscrito. Agradecemos a los miembros de nuestra familia y a P. G. Wodehouse su continuo apoyo: sin su buen humor, el proyecto habría sido mucho más difícil. Nos gustaría dar las gracias por ofrecernos la oportunidad de escribir este libro al editor, Nigel Browning, UniPress y Princeton University Press.

AUTORES

Andrei Sourakov trabaja en el McGuire Center de Lepidópteros y Biodiversidad del Museo de Historia Natural de Florida. Es profesor asociado afiliado del Departamento de Entomología y Nematología de la Universidad de Florida, e imparte cursos sobre «Insectos y plantas» y «El hombre y los microbios». Durante muchos años fue editor de la revista *Tropical Lepidoptera Research* y miembro del consejo del Centro de Entomología Sistemática. Antes de incorporarse al Museo de Florida realizó un posdoctorado en la Academia de Ciencias de California, en San Francisco, y trabajó sobre el terreno en más de 20 países, principalmente en los trópicos.

Alexandra A. Sourakov siente interés por las mariposas desde niña, cuando participó en trabajos de campo con su padre y como voluntaria en el Museo de Historia Natural de Florida. Después de ganar un concurso de ciencias en el colegio con su estudio sobre el comportamiento de búsqueda de alimento de las mariposas, Alexandra profundizó en la materia y trabajó con investigadores del USDA para comprender los mecanismos químicos y fisiológicos que subyacen a la respuesta olfativa en la búsqueda de alimento de las mariposas. Cuando estudiaba en el Instituto Tecnológico de Massachusetts (MIT), Alexandra y su compañero ganaron el concurso MADMEC con un proyecto de ciencia de los materiales inspirado en las mariposas. Actualmente trabaja como ingeniera de materiales en California.